에듀윌과 함께 시작하면,
당신도 합격할 수 있습니다!

오랜 직장 생활을 마감하며 찾아온 앞날에 대한 막연한 두려움
에듀윌만 믿고 공부해 합격의 길에 올라선 50대 은퇴자

출산한지 얼마 안돼 독박 육아를 하며 시작한 도전!
새벽 2~3시까지 공부해 8개월 만에 동차 합격한 아기엄마

만년 가구기사 보조로 5년 넘게 일하다, 달리는 차 안에서도
포기하지 않고 공부해 이제는 새로운 일을 찾게 된 합격생

누구나 합격할 수 있습니다.
시작하겠다는 '다짐' 하나면 충분합니다.

마지막 페이지를 덮으면,

**에듀윌과 함께
공인중개사 합격이 시작됩니다.**

공인중개사 1위

15년간 베스트셀러 1위
에듀윌 공인중개사 교재

탄탄한 이론 학습! 기초입문서/기본서/핵심요약집

기초입문서(2종) 기본서(6종) 1차 핵심요약집+기출팩(1종)

출제경향 파악, 실전 엿보기! 단원별/회차별 기출문제집

단원별 기출문제집(6종) 회차별 기출문제집(2종)

다양한 문제로 합격점수 완성! 기출응용 예상문제집/실전모의고사

기출응용 예상문제집(6종) 실전모의고사(2종)

* 2023 대한민국 브랜드만족도 공인중개사 교육 1위 (한경비즈니스)
* YES24 수험서 자격증 공인중개사 베스트셀러 1위 (2011년 12월, 2012년 1월, 12월, 2013년 1월~5월, 8월~12월, 2014년 1월~5월, 7월~8월, 12월, 2015년 2월~4월, 2016년 2월, 4월, 6월, 12월, 2017년 1월~12월, 2018년 1월~12월, 2019년 1월~12월, 2020년 1월~12월, 2021년 1월~12월, 2022년 1월~12월, 2023년 1월~12월, 2024년 1월~12월, 2025년 1월~6월 월별 베스트, 매월 1위 교재는 다름)
* YES24 국내도서 해당분야 월별, 주별 베스트 기준

에듀윌 공인중개사

합격을 위한 비법 대공개! 합격서&부교재

이영방 합격서
부동산학개론

심정욱 합격서
민법 및 민사특별법

임선정 합격서
공인중개사법령 및 중개실무

김민석 합격서
부동산공시법

한영규 합격서
부동산세법

오시훈 합격서
부동산공법

신대운 합격서
쉬운민법

심정욱 핵심체크 OX
민법 및 민사특별법

오시훈 키워드 암기장
부동산공법

핵심 테마를 빠르게 공략하는 단기서

이영방 합격패스 계산문제
부동산학개론

심정욱 합격패스 암기노트
민법 및 민사특별법

임선정 그림 암기법
공인중개사법령 및 중개실무

김민석 테마별 한쪽정리
부동산공시법

오시훈 테마별 비교정리
부동산공법

시험 전, 이론&문제 한 권으로 완벽 정리! 필살키

이영방 필살키

심정욱 필살키

임선정 필살키

오시훈 필살키

김민석 필살키

한영규 필살키

신대운 필살키

더 많은
공인중개사 교재

* 해당 교재의 이미지는 변경될 수 있습니다.

eduwill

공인중개사 1위

공인중개사, 에듀윌을 선택해야 하는 이유

9년간 아무도 깨지 못한 기록
합격자 수 1위

합격을 위한 최강 라인업
1타 교수진

공인중개사

합격만 해도 연 최대 300만원 지급
성공 DREAM 지원금

업계 최대 규모의 전국구 네트워크
동문회

* 2023 대한민국 브랜드만족도 공인중개사 교육 1위 (한경비즈니스)
* KRI 한국기록원 2016, 2017, 2019년 공인중개사 최다 합격자 배출 공식 인증 (2025년 현재까지 업계 최고 기록) * 에듀윌 공인중개사 과목별 온라인 주간반 강사별 수강점유율 기준 (2024년 11월)
* 성공 DREAM 지원금 신청은 에듀윌 공인중개사 VVIP 프리미엄 성공패스 수강 후 2027년까지 공인중개사 최종 합격자에 한해 가능합니다. (상세 내용 홈페이지 유의사항 확인 필수)

공인중개사 1위

합격자 수 1위 에듀윌
7만 건이 넘는 후기

고○희 합격생

부알못, 육아맘도 딱 1년 만에 합격했어요.

저는 부동산에 관심이 전혀 없는 '부알못'이었는데, 부동산에 관심이 많은 남편의 권유로 공부를 시작했습니다. 남편 지인들이 에듀윌을 통해 많이 합격했고, '합격자 수 1위'라는 광고가 좋아 에듀윌을 선택하게 되었습니다. 교수님들이 커리큘럼대로만 하면 된다고 해서 믿고 따라갔는데 정말 반복 학습이 되더라고요. 아이 둘을 키우다 보니 낮에는 시간을 낼 수 없어서 밤에만 공부하는 게 쉽지 않아 포기하고 싶을 때도 있었지만 '에듀윌 지식인'을 통해 합격하신 선배님들과 함께 공부하는 동기들의 위로가 큰 힘이 되었습니다.

이○용 합격생

군복무 중에 에듀윌 커리큘럼만 믿고 공부해 합격

에듀윌이 합격자가 많기도 하고, 교수님이 많아 제가 원하는 강의를 고를 수 있는 점이 좋았습니다. 또, 커리큘럼이 잘 짜여 있어서 잘 따라만 가면 공부를 잘 할 수 있을 것 같아 에듀윌을 선택했습니다. 에듀윌의 커리큘럼대로 꾸준히 따라갔던 게 저만의 합격 비결인 것 같습니다.

안○원 합격생

5개월 만에 동차 합격, 낸 돈 그대로 돌려받았죠!

저는 야쿠르트 프레시매니저를 하다 60세에 도전하여 합격했습니다. 심화 과정부터 시작하다 보니 기본이 부족했는데, 교수님들이 하라는 대로 기본 과정과 책을 더 보면서 정리하며 따라갔던 게 주효했던 것 같습니다. 합격 후 100만 원 가까이 되는 큰 돈을 환급받아 남편이 주택관리사 공부를 한다고 해서 뒷받침해 줄 생각입니다. 저는 소공(소속 공인중개사)으로 활동을 하고 싶은 포부가 있어 최대 규모의 에듀윌 동문회 활동도 기대가 됩니다.

다음 합격의 주인공은 당신입니다!

더 많은 합격 비법

* 본 합격수기는 실제 수강생의 솔직한 의견을 포함하고 있습니다. (이벤트 혜택을 제공받았음)
* 에듀윌 홈페이지 게시 건수 기준 (2025년 6월 기준)
* 2023 대한민국 브랜드만족도 공인중개사 교육 1위 (한경비즈니스)

에듀윌이
너를
지지할게

ENERGY

시작하는 방법은
말을 멈추고
즉시 행동하는 것이다.

– 월트 디즈니(Walt Disney)

➕ **합격할 때까지 책임지는 개정법령 원스톱 서비스!**

법령 개정이 잦은 공인중개사 시험. 일일이 찾아보지 마세요!
에듀윌에서는 필요한 개정법령만을 빠르게! 한번에! 제공해 드립니다.

에듀윌 도서몰 접속
(book.eduwill.net) ▶ 우측 정오표
아이콘 클릭 ▶ 카테고리 공인중개사
설정 후 교재 검색

개정법령
확인하기

2025
에듀윌 공인중개사

임선정
필살키

최종이론&마무리100선
공인중개사법령 및 중개실무

합격의
문을 여는
마지막
열쇠

eduwill

마지막까지 포기하지 않고
합격의 길로 이끌어드리겠습니다.

약력
- 現 에듀윌 공인중개사법령 및 중개실무 전임 교수
- 前 EBS 명품 공인중개사법령 및 중개실무 강사
- 前 방송대학TV, 중소기업청 초빙 강사
- 前 주요 공인중개사학원 공인중개사법령 및 중개실무 강사

저서
에듀윌 공인중개사 공인중개사법령 및 중개실무 기초입문서, 기본서, 합격서, 단원별/회차별 기출문제집, 기출응용 예상문제집, 실전모의고사, 필살키, 그림 암기법 등 집필

임선정T 인스타그램
(@leemsunjung)

〈2025 에듀윌 공인중개사 임선정 필살키〉 교재는 많은 생각을 하면서 만들었습니다. 어떻게 하면 좀더 적중률이 높은 교재, 핵심만 정리한 교재, 출제경향에 맞는 문제가 수록된 교재 등을 만들 수 있을지 오랜 시간 고민한 것 같습니다.

작년 제35회 시험은 최근 10년간 시험 중 가장 어렵게 출제되었다고 해도 과언이 아닙니다. 최근 부동산 전세사기 등의 뉴스 보도에서 중개업제도를 강화하겠다는 내용이 많이 나오고 있고, 공인중개사 선발 인원에 제한이 필요하다는 인식이 대두됨에 따라 공인중개사법 과목은 앞으로도 어렵게 출제될 것으로 예상됩니다. 이에 마지막 정리교재인 필살키에서 이러한 경향에 적응할 수 있도록 문제 유형이나 내용에 더욱 신경을 썼습니다. 또한 지금까지 마무리 100선에서 적중한 문제들이 많았는데, 올해에도 많은 문제들이 적중되기를 바라면서 집필했습니다.

수험생 여러분들은 단순한 암기와 문제풀이보다, 복합적인 사례문제를 풀 수 있도록 학습하여야 좋은 결과를 기대할 수 있을 것입니다. 따라서 이 교재를 집필하면서 다음의 사항들을 고려하였습니다.

첫째, 최근 출제경향에 맞는 문제 스타일로 집필하였습니다.

둘째, 최근까지의 법 개정 사항을 충실히 반영하였습니다.

셋째, 파트별로 꼭 암기해야 하는 내용을 수록하였고, 그 내용을 반드시 짚고 갈 수 있도록 문제를 구성하였습니다.

끝으로, 이 교재를 출간할 수 있도록 도움을 주신 에듀윌 관계자 및 출판사업본부 직원분들에게 감사드립니다. 또한 수험생들에게는 꼭 필요한 마무리 교재로서 큰 도움이 될 수 있기를 바랍니다.

"강단에 서 있는 나를 보며 언제나 내가 살아 있음을 느낀다."

임선정

필살키 구성 및 특장점

더 간결하게 핵심만 모은 **최종이론**

- 필수이론만 POINT 단위로 정리
- 연계학습 이론 관련 마무리 100선 문제를 바로 확인
- 핵심 키워드에 밑줄을 표시하여 빠른 회독 가능

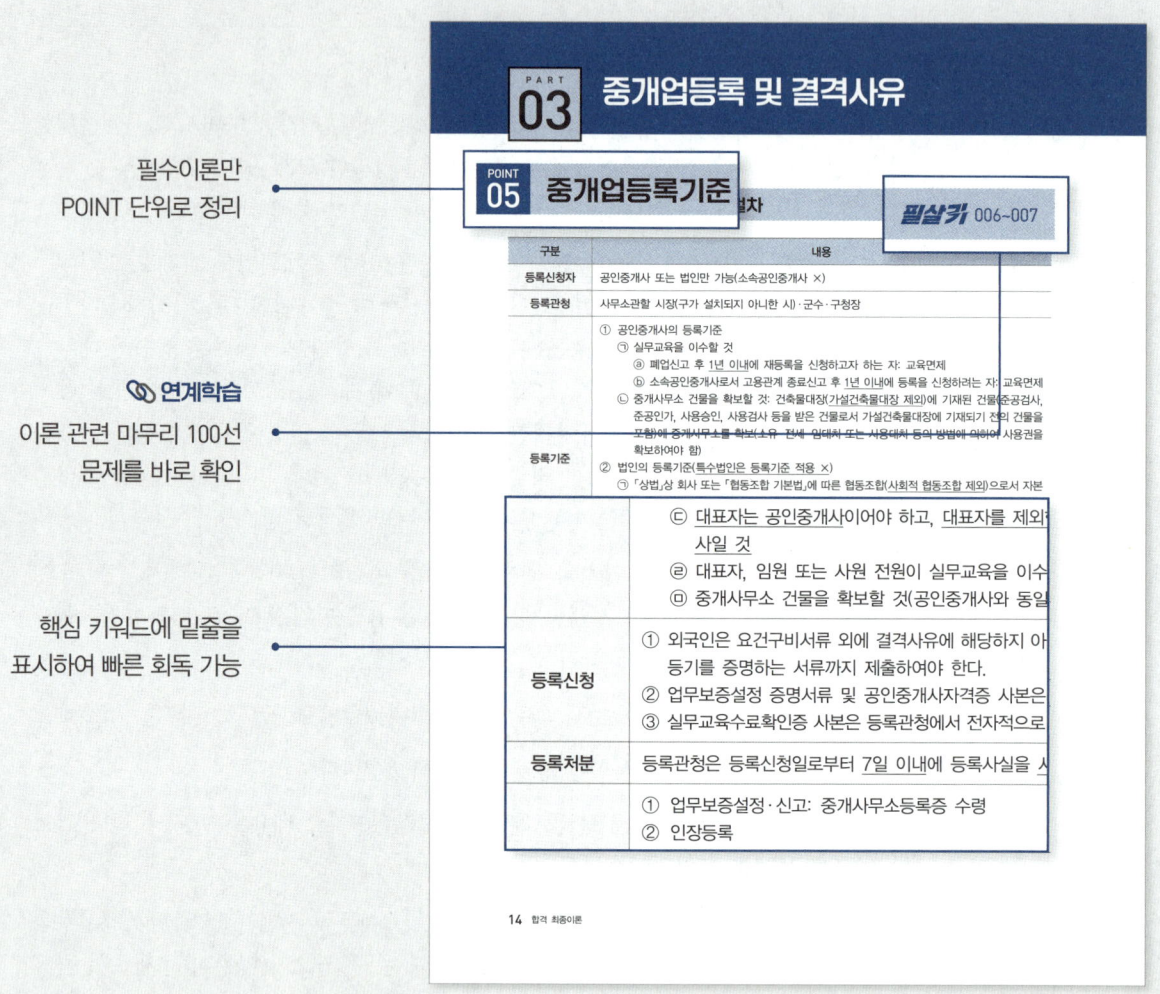

☑ 필살키만의 3가지 특장점

필 수이론만 담았다!

복잡한 머릿속을 단기간에 정리할 수 있도록 방대한 이론을 요약하고 또 요약했습니다.

살 을 덧붙이는 연계학습 구성!

필살키 문제에 [2025 에듀윌 임선정 합격서]의 페이지를 표기하여 더 상세한 이론을 신속히 확인할 수 있습니다.

키 (기)적의 마무리 100선!

올해 가장 출제가 유력해 보이는 문제만을 수록하여 합격을 위한 마지막 마무리를 할 수 있습니다.

꼭 필요한 문제만 담은 **마무리 100선**

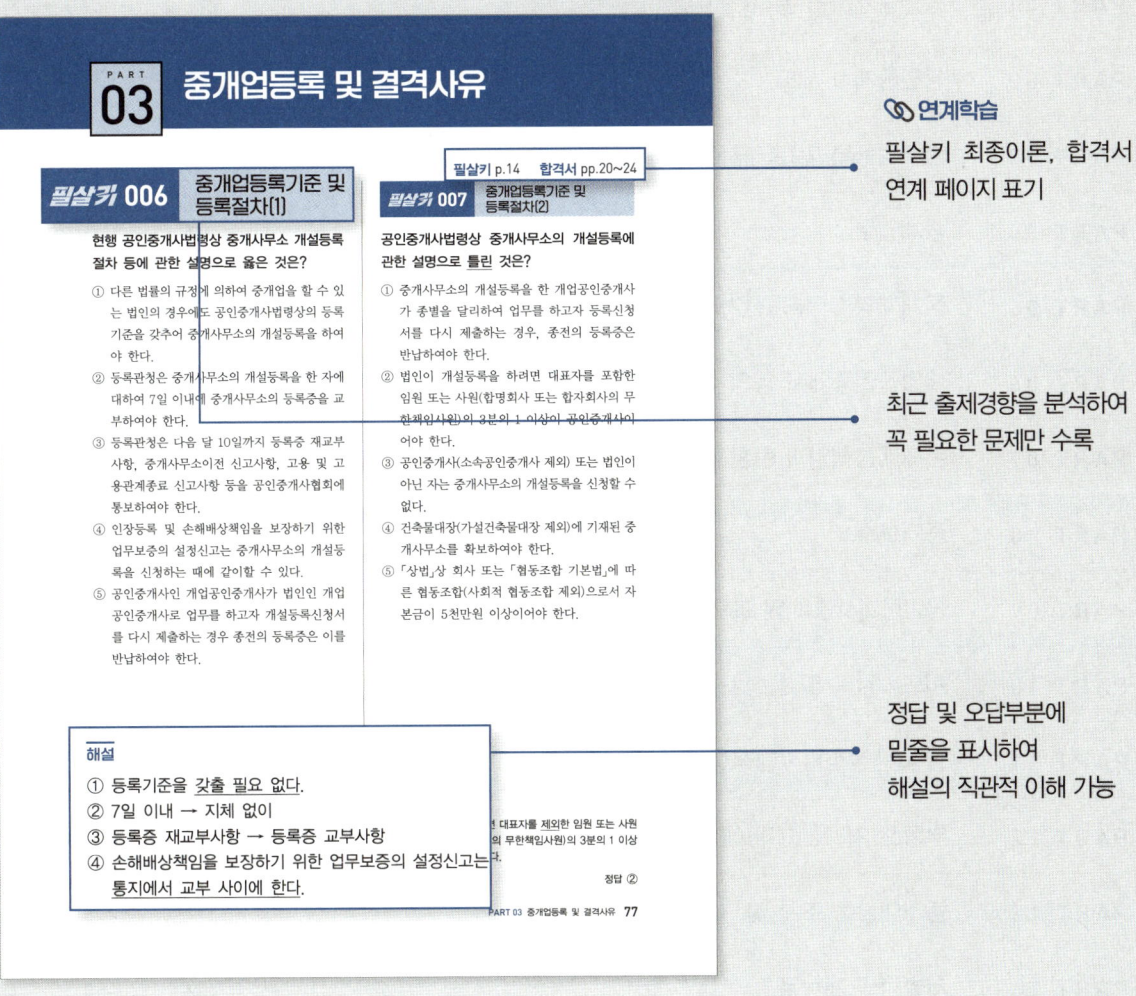

✅ 합격자들의 3가지 필살키 활용 TIP

TIP 1 단권화
필살키 교재를 최종 요약집으로 만들고 다회독하였어요!
— 합격자 장**

TIP 2 다회독
마무리 100선을 3번 이상 반복 학습한 것이 제 합격의 비결입니다!
— 합격자 나**

TIP 3 정답 키워드 찾기
정답 및 오답 키워드를 찾는 연습을 반복했더니 답이 보이기 시작했어요~
— 합격자 김**

필살키 차례

		합격 최종이론	마무리 100선
PART 01	공인중개사법 총칙	10	74
PART 02	공인중개사 제도	11	76
PART 03	중개업등록 및 결격사유	14	77
PART 04	중개업무	16	80
PART 05	중개계약 및 부동산거래정보망	21	86
PART 06	개업공인중개사 등의 의무 및 책임	23	88
PART 07	손해배상책임과 반환채무이행보장	27	91
PART 08	중개보수	28	93
PART 09	공인중개사협회 및 교육·포상금·신고센터 등	29	95
PART 10	지도·감독 및 행정처분	34	98
PART 11	벌칙(행정형벌·행정질서벌)	39	105
PART 12	부동산 거래신고 등에 관한 법률	43	108
PART 13	중개대상물 조사 및 확인	52	117
PART 14	개별적 중개실무	62	122

필살키 200% 활용법!

에듀윌 공인중개사 홈페이지(land.eduwill.net)에서 필살키를 교재로 활용하는 강의를 함께 수강해보세요!

합격
최종이론

PART 01 공인중개사법 총칙

POINT 01 용어의 정의

필살키 001

용어	정의
중개	중개라 함은 법 제3조의 규정에 의한 중개대상물에 대하여 거래당사자 간의 매매·교환·임대차 그 밖의 권리의 득실·변경에 관한 행위를 알선하는 것을 말한다.
공인중개사	공인중개사라 함은 이 법에 의한 공인중개사자격을 취득한 자를 말한다.
중개업	중개업이라 함은 다른 사람의 의뢰에 의하여 일정한 보수를 받고 중개를 업으로 행하는 것을 말한다.
개업공인중개사	개업공인중개사라 함은 이 법에 의하여 중개사무소의 개설등록을 한 자를 말한다.
소속공인중개사	소속공인중개사라 함은 개업공인중개사에 소속된 공인중개사(개업공인중개사인 법인의 사원 또는 임원으로서 공인중개사인 자를 포함한다)로서 중개업무를 수행하거나 개업공인중개사의 중개업무를 보조하는 자를 말한다.
중개보조원	중개보조원이라 함은 공인중개사가 아닌 자로서 개업공인중개사에 소속되어 중개대상물에 대한 현장안내 및 일반서무 등 개업공인중개사의 중개업무와 관련된 단순한 업무를 보조하는 자를 말한다.

POINT 02 중개대상물

필살키 002~003

(1) 미등기·무허가 건축물

구분	중개대상물	중개사무소
미등기 건축물	○	○
무허가 건축물	○	×

(2) 분양권·입주권

- 분양권 ○ → 판례 → 장래 건축물 ○
- 입주권
  - ① 지위 → 중개대상 ×
  - ② 건축 완료 → 현실적 제공(판례) → 중개대상 ○

(3) 대토권 → 지위 → 중개대상 ×

(4) 세차장 구조물(Self) → 판례 → 건축물(지붕, 기둥과 주벽) ×

(5) 권리금 → 판례 → 중개대상 ×

(6) 무체재산권 → 중개대상 ×

PART 02 공인중개사 제도

POINT 03 공인중개사 시험제도

필살키 004

구분	내용	
시행횟수	매년 1회 이상 시행(다만, 정책심의위원회의 사전의결을 거쳐 해당 연도의 시험을 시행하지 아니할 수 있음)	
시행기관	원칙	시·도지사
	예외	국토교통부장관(정책심의위원회의 의결을 거쳐 가능)
	위탁시행 가능	협회, 공기업, 준정부기관 중에 위탁 가능(학교 ×)
응시자격	① 원칙: 응시제한 ×(국적 불문, 등록 등 결격사유자도 응시 가능) ② 예외: 응시제한 있는 자 　㉠ 자격취소된 자(3년간 등록 등 결격사유도 적용) 　㉡ 부정행위자: 해당 시험의 무효처분일로부터 5년(중개업무 종사는 가능)	
시험공고	시험시행기관장 ① 개략적 공고: 2월 말까지 ② 구체적 공고: 시행일 90일 전	
합격자 결정	시험시행기관장 – 합격자 결정·공고	
자격증 교부	시·도지사 – 합격자 결정·공고 후 1개월 이내에 교부	

+PLUS 시행·실시권자

시험시행권자	실무·연수교육	직무교육	거래사고 예방교육 (개업공인중개사 등)	지도·감독
① 원칙: 시·도지사 ② 예외: 국토교통부장관	시·도지사	① 시·도지사 ② 등록관청	① 국토교통부장관 ② 시·도지사 ③ 등록관청	① 거래정보사업자 　→ 국토교통부장관 ② 개업공인중개사 　→ 국토교통부장관, 　시·도지사, 등록관청
부정행위자 → 5년간 정지	① 실무교육 × 　→ 종사 ×, 등록 × ② 연수교육 × 　→ 500만원 이하 　과태료	직무교육 × → 종사 ×	제재 규정 ×	① 거래정보사업자 　→ 500만원 이하 　과태료 ② 개업공인중개사 　→ 업무정지

POINT 04 정책심의위원회

필살키 005

구분	공인중개사 정책심의위원회	공제사업 운영위원회
성격	국토교통부에 정책심의위원회를 둘 수 있다.	공제사업에 관한 사항을 심의하고 그 업무집행을 감독하기 위하여 협회에 운영위원회를 둔다.
심의사항	① 자격취득에 관한 사항 ② 중개업의 육성에 관한 사항 ③ 중개보수 변경에 관한 사항 ④ 손해배상책임의 보장에 관한 사항 공인중개사 정책심의위원회에서 심의한 사항 중 공인중개사의 시험 등 공인중개사의 자격취득에 관한 사항의 경우에는 시·도지사는 이에 따라야 한다.	① 사업계획·운영 및 관리에 관한 기본 방침 ② 예산 및 결산에 관한 사항 ③ 차입금에 관한 사항 ④ 주요 예산집행에 관한 사항 ⑤ 공제약관·공제규정의 변경과 공제와 관련된 내부규정의 제정·개정 및 폐지에 관한 사항 ⑥ 공제금, 공제가입금, 공제료 및 요율에 관한 사항 ⑦ 정관으로 정하는 사항 ⑧ 그 밖에 위원장이 필요하다고 인정하여 회의에 부치는 사항
구성 인원 수	위원장 1명을 포함하여 7명 이상 11명 이내의 위원으로 구성한다.	운영위원회의 위원은 협회의 임원, 중개업·법률·회계·금융·보험·부동산 분야 전문가, 관계 공무원 및 그 밖에 중개업 관련 이해관계자로 구성하되, 그 수는 19명 이내로 한다.
구성	① 위원장: 국토교통부 제1차관 ② 위원: 국토교통부장관이 임명·위촉 ㉠ 국토교통부의 4급 이상 또는 이에 상당하는 공무원이나 고위 공무원단에 속하는 일반직공무원 ㉡ 「고등교육법」에 따른 학교에서 부교수 이상의 직(職)에 재직하고 있는 사람 ㉢ 변호사 또는 공인회계사의 자격이 있는 사람 ㉣ 공인중개사협회에서 추천하는 사람 ㉤ 공인중개사 자격시험의 시행에 관한 업무를 위탁받은 기관의 장이 추천하는 사람 ㉥ 「비영리민간단체 지원법」에 따라 등록한 비영리민간단체에서 추천한 사람 ㉦ 「소비자기본법」에 따라 등록한 소비자단체 또는 한국소비자원의 임직원으로 재직하고 있는 사람 ㉧ 그 밖에 부동산·금융 관련 분야에 학식과 경험이 풍부한 사람	위원장과 부위원장 각각 1명을 두되, 위원장과 부위원장은 위원 중에서 호선한다. 운영위원회는 다음의 사람으로 구성한다. 이 경우 아래 ②, ③에 해당하는 위원의 수는 전체 위원 수의 3분의 1 미만으로 한다. ① 국토교통부장관이 소속 공무원 중에서 지명하는 사람 1명 ② 협회의 회장 ③ 협회 이사회가 협회의 임원 중에서 선임하는 사람 ④ 다음의 어느 하나에 해당하는 사람으로서 협회의 회장이 추천하여 국토교통부장관의 승인을 받아 위촉하는 사람 ㉠ 대학 또는 정부출연연구기관에서 부교수 또는 책임연구원 이상으로 재직하고 있거나 재직하였던 사람으로서 부동산 분야 또는 법률·회계·금융·보험 분야를 전공한 사람 ㉡ 변호사·공인회계사 또는 공인중개사의 자격이 있는 사람 ㉢ 금융감독원 또는 금융기관에서 임원 이상의 직에 있거나 있었던 사람

		㉣ 공제조합 관련 업무에 관한 학식과 경험이 풍부한 사람으로서 해당 업무에 5년 이상 종사한 사람 ㉤ 「소비자기본법」 제29조에 따라 등록한 소비자단체 및 동법 제33조에 따른 한국소비자원의 임원으로 재직 중인 사람
임기	위원의 임기는 <u>2년</u>, 새로 위촉된 위원의 임기는 전임위원 임기의 남은 기간으로 한다.	위원의 임기는 <u>2년</u>으로 하되 1회에 한하여 <u>연임</u>할 수 있으며, 보궐위원의 임기는 전임자의 남은 임기로 한다.
내용	① 위원장은 심의위원회를 대표하고, 심의위원회의 업무를 총괄한다. ② 위원장이 부득이한 사유로 직무를 수행할 수 없을 때에는 <u>위원장이 미리 지명한 위원이 그 직무를 대행한다.</u> ③ 위원장은 심의위원회의 회의를 소집하고, 그 의장이 된다. ④ 심의위원회의 회의는 <u>재적위원 과반수의 출석으로 개의(開議)</u>하고, <u>출석위원 과반수의 찬성으로 의결</u>한다. ⑤ 위원장은 심의위원회의 회의를 소집하려면 회의 개최 7일 전까지 회의의 일시, 장소 및 안건을 각 위원에게 통보하여야 한다. 다만, 긴급하게 개최하여야 하거나 부득이한 사유가 있는 경우에는 회의 개최 전날까지 통보할 수 있다. ⑥ 위원장은 심의에 필요하다고 인정하는 경우 관계 전문가를 출석하게 하여 의견을 듣거나 의견제출을 요청할 수 있다.	① 운영위원회의 위원장은 운영위원회의 회의를 소집하며 그 의장이 된다. ② 운영위원회의 <u>부위원장</u>은 위원장을 보좌하며, 위원장이 부득이한 사유로 그 직무를 수행할 수 없을 때에는 <u>그 직무를 대행한다.</u> ③ 운영위원회의 회의는 <u>재적위원 과반수의 출석으로 개의(開議)</u>하고, <u>출석위원 과반수의 찬성으로 심의사항을 의결</u>한다.
간사	① 심의위원회에 심의위원회의 사무를 처리할 <u>간사 1명을 둔다.</u> ② 간사는 심의위원회의 위원장이 <u>국토교통부 소속 공무원</u> 중에서 지명한다.	① 운영위원회의 사무를 처리하기 위하여 <u>간사 및 서기를 두되, 간사 및 서기는 공제업무를 담당하는 협회의 직원 중에서 위원장이 임명한다.</u> ② 간사는 회의 때마다 회의록을 작성하여 다음 회의에 보고하고 이를 보관하여야 한다.

PART 03 중개업등록 및 결격사유

POINT 05 중개업등록기준 및 등록절차

필살키 006~007

구분	내용
등록신청자	공인중개사 또는 법인만 가능(소속공인중개사 ×)
등록관청	사무소관할 시장(구가 설치되지 아니한 시)·군수·구청장
등록기준	① 공인중개사의 등록기준 　㉠ 실무교육을 이수할 것 　　ⓐ 폐업신고 후 1년 이내에 재등록을 신청하고자 하는 자: 교육면제 　　ⓑ 소속공인중개사로서 고용관계 종료신고 후 1년 이내에 등록을 신청하려는 자: 교육면제 　㉡ 중개사무소 건물을 확보할 것: 건축물대장(가설건축물대장 제외)에 기재된 건물(준공검사, 준공인가, 사용승인, 사용검사 등을 받은 건물로서 가설건축물대장에 기재되기 전의 건물을 포함)에 중개사무소를 확보(소유·전세·임대차 또는 사용대차 등의 방법에 의하여 사용권을 확보하여야 함) ② 법인의 등록기준(특수법인은 등록기준 적용 ×) 　㉠ 「상법」상 회사 또는 「협동조합 기본법」에 따른 협동조합(사회적 협동조합 제외)으로서 자본금이 5천만원 이상일 것 　㉡ 법 제14조에 규정된 업무만을 영위할 목적으로 설립된 법인일 것 　㉢ 대표자는 공인중개사이어야 하고, 대표자를 제외한 임원·사원의 3분의 1 이상이 공인중개사일 것 　㉣ 대표자, 임원 또는 사원 전원이 실무교육을 이수할 것 　㉤ 중개사무소 건물을 확보할 것(공인중개사와 동일)
등록신청	① 외국인은 요건구비서류 외에 결격사유에 해당하지 아니함을 증명하는 서류, 외국법인은 영업소 등기를 증명하는 서류까지 제출하여야 한다. ② 업무보증설정 증명서류 및 공인중개사자격증 사본은 제출하지 않는다. ③ 실무교육수료확인증 사본은 등록관청에서 전자적으로 확인이 가능한 경우에는 제출하지 않는다.
등록처분	등록관청은 등록신청일로부터 7일 이내에 등록사실을 서면으로 통지하여야 한다.
업무개시 전 조치	① 업무보증설정·신고: 중개사무소등록증 수령 ② 인장등록 ③ 게시의무 　㉠ 중개사무소등록증(분사무소는 신고확인서) 원본 　㉡ 공인중개사자격증(소속공인중개사의 자격증 포함) 원본 　㉢ 업무보증설정 증명서류 　㉣ 중개보수 및 실비의 요율 및 한도액표 　㉤ 사업자등록증

POINT 06 결격사유

 008~010

구분	내용
제한능력자	① 미성년자
	② 피성년후견인·피한정후견인
파산자	③ 파산선고를 받고 복권되지 아니한 자
형의 선고를 받은 자	④ 금고 이상의 실형을 선고받고 그 집행이 종료되거나, 집행이 종료된 것으로 보거나, 집행이 면제된 날부터 각각 3년이 지나지 아니한 자 　㉠ 집행이 종료된 경우: 수형기간 + 만기석방 후 3년간 결격기간 적용 　㉡ 집행이 종료된 것으로 보는 경우(가석방된 자가 잔여형기를 마친 경우): 잔여형기 + 3년간 결격기간 적용 　㉢ 집행이 면제된 경우(특별사면, 시효완성, 법률변경): 집행을 면제받은 날로부터 3년간 결격기간 적용
	⑤ 금고 이상의 형의 집행유예를 받고 그 유예기간이 만료된 날부터 2년이 지나지 아니한 자
	⑥ 「공인중개사법」에 위반하여 300만원 이상의 벌금형을 선고받고 3년이 지나지 아니한 자
행정처분을 받은 자	⑦ 공인중개사 자격이 취소된 후 3년이 지나지 아니한 자
	⑧ 자격정지처분을 받고 자격정지기간 중에 있는 자
	⑨ 개업공인중개사의 등록이 취소된 경우 　㉠ 원칙: 등록취소 후 3년간 결격기간을 적용 　㉡ 예외: 등록취소 후 3년간 결격기간을 적용하지 않는 경우 　　ⓐ 사망·해산으로 등록이 취소된 경우 　　ⓑ 등록기준 미달로 등록이 취소된 경우 　　ⓒ 결격사유에 해당되어 등록이 취소된 경우(미, 자, 등, 업, 업 제외) 　　ⓓ 폐업신고 전의 위반사유로 인하여 재등록개업공인중개사의 등록이 취소된 경우(3년에서 폐업기간을 공제한 기간)
	⑩ 업무정지처분을 받고 폐업한 자로서 해당 업무정지기간이 지나지 아니한 자
	⑪ 법인의 업무정지사유가 발생한 당시의 사원·임원이었던 자로서 해당 법인의 업무정지기간이 지나지 아니한 자
⑫ 등록 등의 결격사유에 해당하는 자가 사원·임원으로 있는 법인 – 2개월 내 해소	

PART 04 중개업무

POINT 07 법인의 겸업가능업무 필살키 011

구분	중개법인인 개업공인중개사	공인중개사인 개업공인중개사	법 부칙 제6조 제2항에 규정된 개업공인중개사
취급물건	토지, 건축물, 그 밖의 토지의 정착물, 입목, 광업재단·공장재단		
업무지역	전국(분사무소 포함)	전국	사무소 소재지 시·도
겸업범위	① 상가 및 주택의 임대관리 등 부동산의 관리대행 ② 부동산의 이용·개발 및 거래에 관한 상담 ③ 개업공인중개사를 대상으로 한 중개업의 경영기법 및 경영정보 제공 ④ 상가 및 주택의 분양대행 ⑤ 이사업체 등의 소개(용역의 알선) ⑥ 경매 및 공매대상 부동산에 대한 권리분석·취득의 알선과 매수신청 또는 입찰신청의 대리	제한 ×	원칙: 제한 × 다만, 경매 및 공매대상 부동산에 대한 권리분석·취득의 알선과 매수신청 또는 입찰신청의 대리는 할 수 없음

POINT 08 고용인 필살키 012~013

① 신고
- 고용신고 → 업무개시 전(전자문서 가능) → 외국인의 경우 결격사유에 해당하지 아니함을 증명하는 서류를 첨부하여야 한다.
- 종료신고 → 고용관계 종료 후 10일 이내

② 책임
- A 자격증 ○ 대표
- B 자격증 ○ 이사
- C 자격증 ○ 직원
→ 초과 보수

- ㉠ 민사 → 부진정 연대책임(구상권 ○)
- ㉡ 형사 → 양벌규정 (구상권 ×)
  - C → 1년 이하 징역 또는 1천만원 이하 벌금
  - A → 징역 ×, 1천만원 이하 벌금
    ↓
    300만원 벌금
    ↓
    결격사유 ×
    ↓
    등록취소 ×
- ㉢ 행정 → 업무상 행위 → 본다
    ↓
    A(대표) → 초과 보수 ○ → 금지행위 → 등록취소 ○

③ 중개보조원 5배 초과고용 안 됨 → 절대적 등록취소, 1년 이하 징역 또는 1천만원 이하 벌금
④ 중개의뢰인에게 중개보조원은 고지의무 있음 → 500만원 이하 과태료

POINT 09 분사무소 설치규정

구분	내용
분사무소 설치기준	① 주된 사무소 소재지 시·군·구를 제외한 시·군·구별로 1개씩만 설치 가능 ② 공인중개사를 책임자로 둘 것(특수법인 적용 ×) ③ 분사무소 책임자: 실무교육 이수 ④ 업무보증설정 ⑤ 중개사무소 건물 확보: 건축물대장(가설건축물대장 제외)에 기재된 건물 또는 건축물대장에 기재되기 전의 건물로서 준공인가 등을 받은 건물
설치신고	① 주된 사무소 소재지 시·군·구청장에게 신고서를 제출하여야 한다. ② 지방자치단체의 조례가 정하는 수수료를 납부하여야 한다.
설치절차	① 자격증을 발급한 시·도지사에게 책임자의 자격확인을 요청하여야 한다. ② 신고확인서 교부, 분사무소 설치예정지 시·군·구청장에게 지체 없이 통보하여야 한다.
이전절차	분사무소 이전신고를 받은 주된 사무소 소재지의 등록관청은 지체 없이 이전 전 및 이전 후의 분사무소의 소재지를 관할하는 시장·군수·구청장에게 통보하여야 한다.

POINT 10 사무소이전

1. 사무소이전

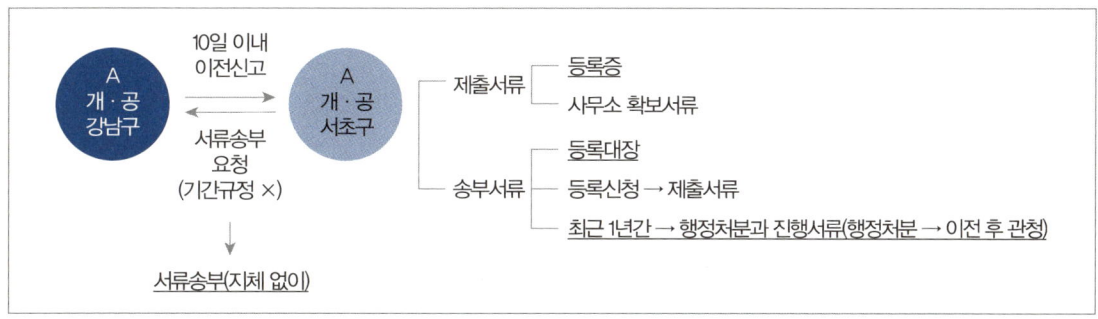

이전지역	신고기한	신고관청	신고관청의 조치	제출서류
관할지역 내	이전한 날부터 10일 이내	등록관청	등록증을 재교부·교부할 수 있다.	중개사무소등록증 (분사무소는 신고확인서) + 사무소 건물 확보서류
관할지역 외		이전 후 등록관청	등록증을 재교부하여야 한다.	
분사무소 (관할지역 불문)		주된 사무소 등록관청		

2. 분사무소이전

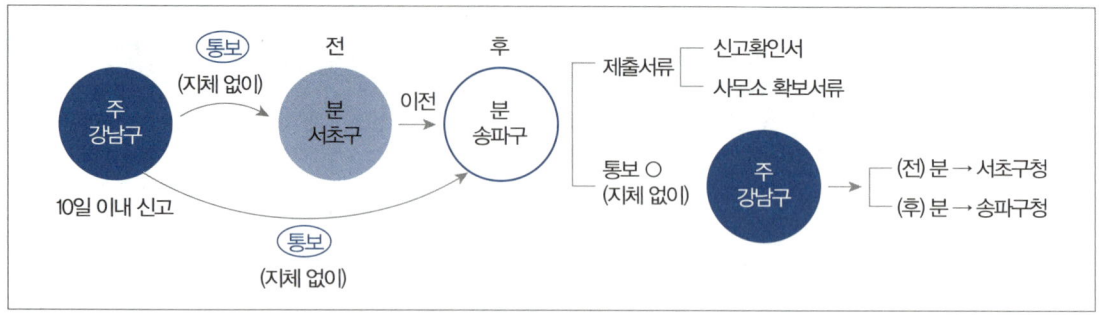

POINT 11 간판의 자진철거사유

① 등록관청에 중개사무소의 이전사실을 신고한 경우
② 등록관청에 폐업사실을 신고한 경우
③ 중개사무소의 개설등록 취소처분을 받은 경우

POINT 12 사무소명칭표시

(1) 중개사무소의 명칭에 법정문자사용

① 개업공인중개사: '공인중개사사무소' 또는 '부동산중개'라는 문자 사용의무
  ※ 법 부칙 제6조 제2항에 규정된 개업공인중개사는 '공인중개사사무소'라는 문자 사용금지
② 개업공인중개사가 아닌 자: '공인중개사사무소', '부동산중개' 또는 이와 유사한 명칭 사용금지

(2) 개업공인중개사의 옥외광고물(간판 등)에 성명표기의무

① 개업공인중개사의 옥외광고물: 개업공인중개사(법인은 대표자, 분사무소는 책임자)의 성명표기의무
② 개업공인중개사의 벽면 이용간판, 돌출간판, 옥상간판: 개업공인중개사의 성명을 인식할 수 있는 정도의 크기로 표기

POINT 13 표시 · 광고

1. 표시 · 광고

개업공인중개사가 의뢰받은 중개대상물에 대하여 표시 · 광고를 하려면 다음의 사항을 명시하여야 한다.

> ① 중개사무소의 명칭, 소재지, 연락처 및 등록번호
> ② 개업공인중개사의 성명(법인의 경우에는 대표자의 성명)

2. 인터넷 표시 · 광고

개업공인중개사가 인터넷을 이용하여 중개대상물에 대한 표시 · 광고를 하는 때에는 다음에서 정하는 사항을 명시하여야 한다.

> ① 중개사무소의 명칭, 소재지, 연락처 및 등록번호
> ② 개업공인중개사의 성명(법인의 경우에는 대표자의 성명)
> ③ 소재지
> ④ 면적
> ⑤ 가격
> ⑥ 중개대상물의 종류
> ⑦ 거래 형태
> ⑧ 건축물 및 그 밖의 토지의 정착물인 경우 다음의 사항
>   ㉠ 총 층수
>   ㉡ 「건축법」 또는 「주택법」 등 관련 법률에 따른 사용승인 · 사용검사 · 준공검사 등을 받은 날
>   ㉢ 해당 건축물의 방향, 방의 개수, 욕실의 개수, 입주가능일, 주차대수 및 관리비

POINT 14 인터넷 표시 · 광고 모니터링

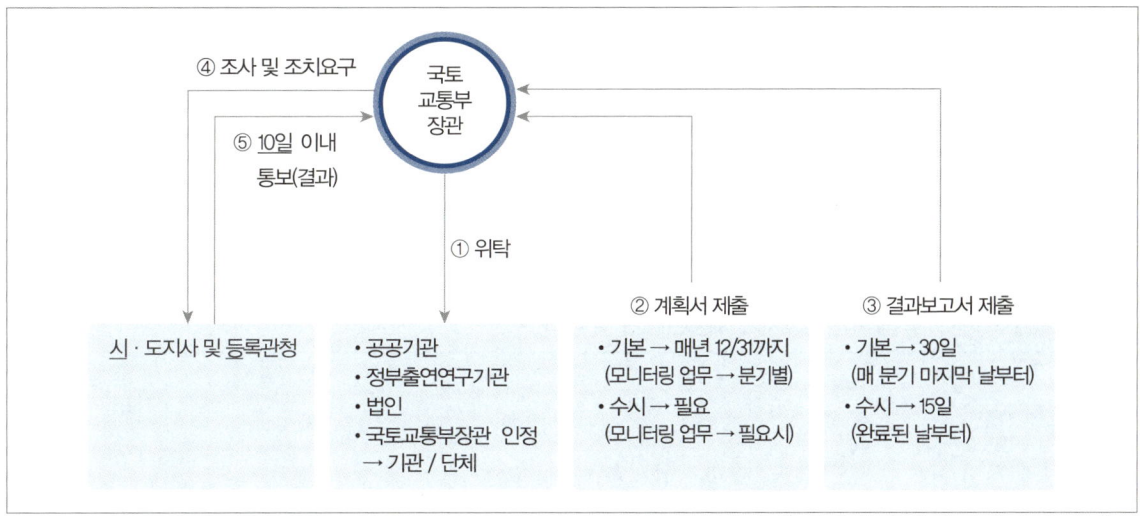

POINT 15 인장등록

구분	내용
인장등록의무자	개업공인중개사, 소속공인중개사
인장등록 기한	업무개시 전 ※ 다만, 중개사무소 개설등록 또는 고용신고를 하는 때에 같이할 수 있다.
변경등록 기한	변경 후 7일 이내
등록할 인장	법인인 개업공인중개사: 법인의 인장 ※ 분사무소: 대표자가 보증하는 인장을 등록할 수 있다.
	개인인 개업공인중개사 및 소속공인중개사: 성명이 나타나 있는 인장으로서, 크기가 가로·세로 각각 7mm 이상 30mm 이내인 인장
등록방법	법인인 개업공인중개사: 법인인장등록 – 인감증명서 제출로 갈음
	법인이 아닌 개업공인중개사·소속공인중개사: 인장등록·등록인장변경신고서 제출

POINT 16 휴업 및 폐업

구분	신고사유(미리 신고)	신고방법
휴업신고	① 3개월을 초과하여 휴업하고자 하는 경우 ② 등록 후 3개월이 초과하도록 업무를 개시하지 아니할 경우	신고서에 등록증, 신고확인서를 첨부하여 제출: 방문신고 (전자문서 ×)
폐업신고	폐업을 하고자 하는 경우	
재개신고	휴업신고 후 중개업을 재개하고자 하는 경우 ※ 재개신고를 받은 등록관청은 즉시 등록증을 반환해야 한다.	신고서만 제출: 방문신고 또는 전자문서 선택
기간변경신고	휴업신고 후 휴업기간을 변경하고자 하는 경우	
휴업기간	6개월을 초과할 수 없다. 다만, 입영, 요양, 취학, 임신 또는 출산, 그 밖에 부득이한 사유 등이 있는 경우에는 6개월 초과가 가능하다.	
「부가가치세법」상 신고의무	① 휴업(폐업)신고를 하려는 자는 「부가가치세법」에 따른 신고를 같이하려는 경우에 「부가가치세법」상 휴업(폐업)신고서를 함께 제출해야 한다. 이 경우 등록관청은 함께 제출받은 신고서를 지체 없이 관할 세무서장에게 송부해야 한다. ② 관할 세무서장이 「부가가치세법」상 휴업(폐업)신고서를 받아 해당 등록관청에 송부한 경우에는 휴업(폐업)신고서가 제출된 것으로 본다.	

PART 05 중개계약 및 부동산거래정보망

POINT 17 전속중개계약

필살키 022~024

구분	내용
개업공인중개사 의무	① 전속중개계약서를 사용하여 체결, <u>3년간 보존</u> ② 정보공개(단, 의뢰인의 비공개 요청 시 공개금지) 　㉠ 공개시기: 전속중개계약 체결 후 <u>7일 이내</u> 　㉡ 공개방법: 부동산거래정보망 또는 일간신문 　　　ⓐ 각 권리자의 주소, 성명 등 인적사항은 공개금지 　　　ⓑ 임대차에 관한 전속중개계약의 경우, 공시지가는 공개하지 아니할 수 있다. 　㉢ 공개내용의 통지: 정보공개 후 <u>지체 없이</u> 문서로 통지 ③ 업무처리상황 통지: <u>2주일에 1회 이상</u> 의뢰인에게 문서로 통지 ④ 확인·설명의무를 성실하게 이행
공개할 내용	① 중개대상물의 종류, 소재지, 지목 및 면적, 건축물의 용도·구조 및 건축연도 등 중개대상물을 특정하기 위하여 필요한 사항(기본적 사항) ② 소유권·전세권·저당권·지상권 및 임차권 등 중개대상물의 권리관계에 관한 사항. <u>다만, 각 권리자의 주소·성명 등 인적사항에 관한 정보는 공개하여서는 아니 된다.</u> ③ 공법상의 이용제한 및 거래규제에 관한 사항 ④ 벽면 및 도배의 상태 ⑤ 수도·전기·가스·소방·열공급·승강기 설비, 오수·폐수·쓰레기처리시설 등의 상태 ⑥ 도로 및 대중교통수단과의 연계성, 시장·학교 등과의 근접성, 지형 등 입지조건, 일조·소음·진동 등 환경조건 ⑦ 중개대상물의 거래예정금액 및 공시지가. <u>단, 임대차의 경우에는 공시지가를 공개하지 아니할 수 있다.</u>
중개의뢰인 의무	① 위약금 지불 　㉠ 유효기간 내에 다른 개업공인중개사에게 의뢰하여 거래한 경우 　㉡ 유효기간 내에 개업공인중개사의 소개로 알게 된 상대방과 개업공인중개사를 배제하고 거래한 경우 → 그가 지불하여야 할 중개보수에 해당하는 <u>금액만큼의 위약금 지불</u> ② 비용 지불: 유효기간 내에 중개의뢰인이 스스로 발견한 상대방과 거래한 경우 　→ <u>중개보수의 50% 범위 안에서 소요된 비용 지불</u> ③ 개업공인중개사의 확인·설명의무 이행에 협조

POINT 18 부동산거래정보망

구분	내용
거래정보망	개업공인중개사 상호간에 정보의 공개와 유통을 촉진하는 체계
지정권자	국토교통부장관이 거래정보망을 설치·운영할 자를 지정할 수 있다.
지정신청자	부가통신사업자
지정요건	① 500명 이상(그중 2개 이상의 시·도에서 각각 30명 이상)의 개업공인중개사로부터 가입·이용신청을 받을 것 ② 정보처리기사 1명 이상 확보 ③ 공인중개사 1명 이상 확보 ④ 국토교통부장관이 정하는 용량·성능을 갖춘 컴퓨터설비 확보
지정신청	신청서에 요건구비서류를 첨부하여 국토교통부장관에게 제출하여야 한다.
지정처분	지정신청일로부터 30일 이내에 지정처분 및 지정서를 교부하여야 한다.
운영규정	지정받은 날부터 3개월 이내에 운영규정을 정하여 국토교통부장관의 승인을 얻어야 한다.
설치·운영	지정받은 날부터 1년 이내에 설치·운영하여야 한다.
지정취소사유	① 거짓이나 그 밖의 부정한 방법으로 지정을 받은 경우 ② 거래정보사업자로 지정을 받은 자가 운영규정의 승인 또는 변경승인을 받지 아니하거나 운영규정을 위반하여 부동산거래정보망을 운영한 경우 ③ 거래정보사업자가 개업공인중개사로부터 공개를 의뢰받은 중개대상물의 정보에 한정하여 이를 부동산거래정보망에 공개하지 아니한 경우, 의뢰받은 내용과 다르게 정보를 공개하거나 어떠한 방법으로든지 개업공인중개사에 따라 정보를 차별적으로 공개한 경우 ④ 정당한 사유 없이 지정받은 날부터 1년 이내에 부동산거래정보망을 설치·운영하지 아니한 경우 ⑤ 개인인 거래정보사업자의 사망 또는 법인인 거래정보사업자의 해산, 그 밖의 사유로 부동산거래정보망의 계속적인 운영이 불가능한 경우(청문대상 ×)

+ PLUS 거래정보사업자 지정절차

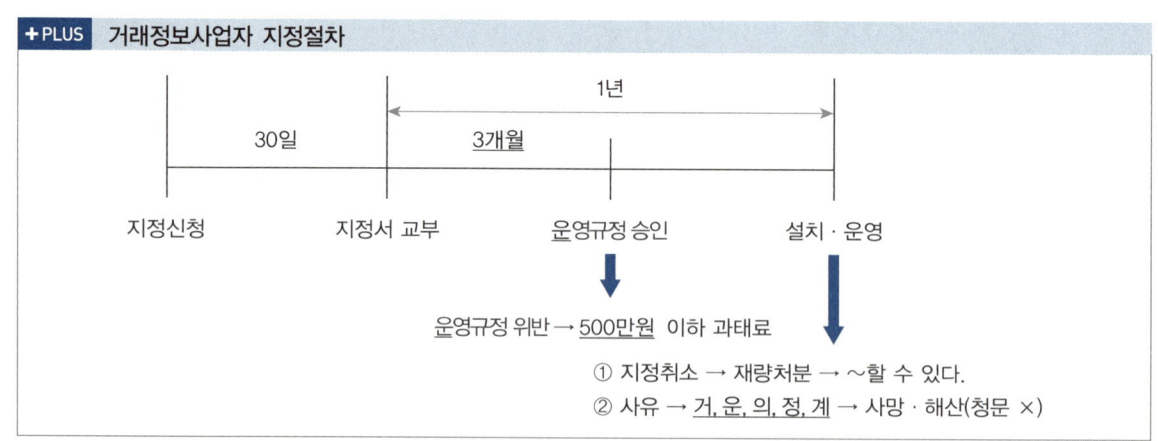

PART 06 개업공인중개사 등의 의무 및 책임

POINT 19 금지행위

1. 1년 이하의 징역 또는 1천만원 이하의 벌금형

① 중개대상물의 매매를 업으로 하는 행위
② 무등록중개업자인 사실을 알면서 그를 통하여 중개를 의뢰받거나 그에게 자기의 명의를 이용하게 하는 행위
③ 사례·증여 그 밖의 어떠한 명목으로도 법정중개보수 또는 실비를 초과하여 금품을 받는 행위
④ 해당 중개대상물의 거래상의 중요사항에 관하여 거짓된 언행 그 밖의 방법으로 중개의뢰인의 판단을 그르치게 하는 행위

2. 3년 이하의 징역 또는 3천만원 이하의 벌금형

① 관계 법령에서 양도·알선 등이 금지된 부동산의 분양·임대 등과 관련 있는 증서 등의 매매·교환 등을 중개하거나 그 매매를 업으로 하는 행위
② 중개의뢰인과 직접 거래를 하거나 거래당사자 쌍방을 대리하는 행위
③ 탈세 등 관계 법령을 위반할 목적으로 소유권보존등기 또는 이전등기를 하지 아니한 부동산이나 관계 법령의 규정에 의하여 전매 등 권리의 변동이 제한된 부동산의 매매를 중개하는 등 부동산 투기를 조장하는 행위
④ 중개대상물의 시세에 부당한 영향을 주거나 줄 우려가 있는 행위
⑤ 단체를 구성하여 특정 중개대상물에 대하여 중개를 제한하거나 공동중개를 제한하는 행위
⑥ 안내문, 온라인 커뮤니티 등을 이용하여 특정 개업공인중개사 등에 대한 중개의뢰를 제한하거나 제한을 유도하는 행위
⑦ 안내문, 온라인 커뮤니티 등을 이용하여 중개대상물에 대하여 시세보다 현저하게 높게 표시·광고 또는 중개하는 특정 개업공인중개사 등에게만 중개의뢰를 하도록 유도함으로써 다른 개업공인중개사 등을 부당하게 차별하는 행위
⑧ 안내문, 온라인 커뮤니티 등을 이용하여 특정 가격 이하로 중개를 의뢰하지 아니하도록 유도하는 행위
⑨ 정당한 사유 없이 개업공인중개사 등의 중개대상물에 대한 정당한 표시·광고행위를 방해하는 행위
⑩ 개업공인중개사 등에게 중개대상물을 시세보다 현저하게 높게 표시·광고하도록 강요하거나 대가를 약속하고 시세보다 현저하게 높게 표시·광고하도록 유도하는 행위

POINT 20 중개대상물 확인·설명의무

1. 중개대상물 확인·설명의무

구분	확인·설명의무	확인·설명서 작성의무
의무자	개업공인중개사(법인은 대표자, 분사무소는 책임자)	
시기	중개완성 전에	거래계약서를 작성하는 때에
대상	권리취득 중개의뢰인에게 설명	거래당사자 쌍방에게 교부
방법	성실·정확하게 설명하고 근거자료 제시	① 작성: 표준서식을 사용하여 작성하고 3년간 보존해야 한다. ② 서명 및 날인: 개업공인중개사(법인은 대표자, 분사무소는 책임자) 및 해당 중개행위를 한 소속공인중개사
상태자료 요구권	① 개업공인중개사는 매도인 등 권리이전의뢰인 등에게 자료의 제공을 요구할 수 있다(내, 벽, 환). ② 매도인 등이 불응 시 개업공인중개사는 권리취득의뢰인에게 이를 설명하고 확인·설명서에 기재해야 한다.	
확인·설명 사항 비교	**중개업무 – 확인·설명사항** ① 기본적인 사항 ② 권리관계 ③ 토지이용계획, 공법상 제한 ④ 벽면·바닥면 및 도배 상태 ⑤ 수도, 전기, 가스, 소방, 열공급, 승강기 및 배수 등 시설물의 상태 ⑥ 도로 등 입지조건, 일조 등 환경조건 ⑦ 거래예정금액, 중개보수 ⑧ 취득 관련 조세의 종류 및 세율 ⑨ 전입세대확인서의 열람 또는 교부에 관한 사항 ⑩ 관리비 금액과 그 산출내역 ⑪ 임대인의 정보제시의무 및 보증금 중 일정액의 보호에 관한 사항 ⑫ 「민간임대주택에 관한 특별법」에 따른 임대보증금에 대한 보증에 관한 사항 ※ 다만 위 ⑨~⑫는 주택임대차 중개의 경우에만 적용한다. **임대인의 정보제시의무** • 확정일자 부여기관에 정보제공을 요청할 수 있다는 사항 • 임대인이 납부하지 아니한 국세 및 지방세의 열람을 신청할 수 있다는 사항	**대리업무 – 확인·설명사항** ① 매수신청대리 대상물의 표시 ② 권리관계 ③ 제한사항 ④ 매수신청대리 대상물의 경제적 가치 ⑤ 부담 및 인수하여야 할 권리

2. 확인·설명서 작성의무(주거용 건축물 확인·설명서)

기재항목	기재사항		작성방법
(1) 개업공인중개사의 기본확인사항 – 9가지 ① 대상물건의 표시부터 ⑨ 취득 시 부담할 조세의 종류 및 세율까지는 <u>개업공인중개사가 확인한 사항을 기재함</u>			
① 대상물건의 표시	토지	소재지, 면적, 지목	토지대장·건축물대장등본 등을 확인하여 기재
	건축물	전용면적, 대지지분, 준공연도, 용도, 구조, 방향, 내진설계 적용 여부, 내진능력, 건축물대장상 위반건축물 여부, 위반내용	
② 권리관계	등기사항증명서 기재사항	소유권에 관한 사항, 소유권 외의 권리사항	등기사항증명서를 확인하여 기재
③ 토지이용 계획·공법상 이용 제한 및 거래규제에 관한 사항 (토지)	㉠ 건폐율 및 용적률의 상한 → ㉡ 도시·군계획시설, 지구단위계획구역, 그 밖의 도시·군관리계획 → ㉢ 지역·지구, 토지거래허가구역, 공법상 이용 제한 및 거래규제사항, 투기지역 여부 →		㉠ 시·군 조례에 따라 기재 ㉡ 개업공인중개사가 확인한 사실 기재 ㉢ 토지이용계획확인서를 확인하여 기재
④ 임대차 확인사항	㉠ 확정일자 부여현황정보 ㉡ 국세 및 지방세 체납정보 ㉢ 전입세대확인서 ㉣ 최우선변제금 ㉤ 민간임대 등록 여부 ㉥ 계약갱신요구권 행사 여부		개업공인중개사가 확인한 사항 기재
⑤ 입지조건	㉠ 도로와의 관계 ㉡ 대중교통 ㉢ 주차장 ㉣ 교육시설		
⑥ 관리에 관한 사항	경비실 유무 및 관리주체, 관리비		
⑦ 비선호시설	비선호시설 유무(1km 이내)		
⑧ 거래예정 금액 등	거래예정금액, 개별공시지가, 건물공시가격		중개가 완성되기 전의 거래예정금액 등 기재
⑨ 취득 시 부담할 조세의 종류 및 세율	취득세, 농어촌특별세, 지방교육세 ※ 재산세와 종합부동산세는 6월 1일 기준 대상물건 소유자가 납세의무를 부담한다.		중개가 완성되기 전 「지방세법」을 확인하여 기재

(2) 개업공인중개사의 세부확인사항 – 5가지
⑩은 매도(임대)의뢰인이 고지한 사항(법정지상권, 유치권, 토지에 부착된 조각물 및 정원수 등)을 기재하며, ⑪, ⑫, ⑬은 중개대상물에 대하여 개업공인중개사가 매도(임대)의뢰인에게 자료를 요구하여 확인한 사항을 기재함

⑩ 실제 권리관계 또는 공시되지 아니한 물건의 권리	유치권, 미등기임차권, 정원수 등	매도·임대의뢰인이 고지한 사항 기재
⑪ 내·외부 시설물 상태	수도·전기·가스·소방(단독경보형감지기)·난방방식·연료공급·승강기·배수·그 밖의 시설물	매도·임대의뢰인에게 관련 자료를 요구하여 확인한 사항 기재
⑫ 벽면·바닥면 및 도배 상태	벽면의 균열·누수 여부, 바닥면의 깨끗함·수리 필요 및 도배의 깨끗함·도배 필요 정도	
⑬ 환경조건	일조량·소음·진동	
⑭ 현장안내	현장안내자	개업공인중개사, 소속공인중개사, 중개보조원 여부 기재

(3) 중개보수 등에 관한 사항 – 1가지
⑮ 중개보수 및 실비의 금액과 산출내역
※ 부가가치세는 별도로 부과될 수 있다.

POINT 21 거래계약서 작성의무

필살키 030

구분	내용	필요적 기재사항
작성의무자	개업공인중개사(법인은 대표자, 분사무소는 책임자)	① 권리이전의 내용 ② 물건의 표시 ③ 거래금액, 계약금액·지급일시·지급방법 등 지급에 관한 사항 ④ 계약일 ⑤ 중개대상물 확인·설명서 교부일자 ⑥ 물건의 인도일시 ⑦ 조건이나 기한이 있는 경우 그 조건 또는 기한 ⑧ 그 밖의 약정내용 ⑨ 거래당사자의 인적사항
시기	중개가 완성된 때	
표준서식	없다. → 국토교통부장관은 표준서식을 정하여 사용을 권장할 수 있다.	
서명 및 날인	개업공인중개사(법인은 대표자, 분사무소는 책임자) + 해당 중개업무를 수행한 소속공인중개사	
교부	거래당사자	
보존	5년	
성실 작성	서로 다른 둘 이상이 작성 및 거래금액 등의 거짓 기재금지 ① 서로 다른 둘 이상의 개업공인중개사가 작성·거짓 기재: 상대적 등록취소 ② 서로 다른 둘 이상의 소속공인중개사가 작성·거짓 기재, 업무수행 시 서명 및 날인을 하지 아니한 경우: 자격정지처분	

PART 07 손해배상책임과 반환채무이행보장

POINT 22 손해배상책임 | 필살키 031~032

구분	개업공인중개사의 업무보증설정
설정시기	중개업무를 개시하기 전
설정금액	① 법인인 개업공인중개사(중개법인): 4억원 이상 ② 법인의 분사무소: 1개소당 2억원 이상 추가 설정 ③ 법인이 아닌 개업공인중개사: 2억원 이상 ④ 특수법인: 2천만원 이상
설정방법	보증보험, 공제, 공탁 중 선택 ※ 공탁금의 회수제한: 개업공인중개사의 사망·폐업 후 3년 이내
보증변경	이미 설정한 보증의 효력이 있는 기간 중
보증의 재설정	① 보증기간 만료로 인한 재설정: 보증기간 만료일까지 ② 보증보험, 공제금으로 한 손해배상에 따른 재설정: 배상 후 15일 이내
보증금 지급	① 보증금 지급신청: 지급청구서에 개업공인중개사의 책임을 증명할 수 있는 서류(합의서·판결서·조서 등)를 첨부하여 보증기관에 신청하여야 한다. ② 보증기관의 배상: 개업공인중개사는 배상 후 15일 이내에 보증보험·공제에 다시 가입하거나 공탁금 중 부족하게 된 금액을 보전하여야 한다.

POINT 23 반환채무이행보장 | 필살키 033

구분	계약금 등을 예치하는 경우 구체적인 내용
예치명의자	개업공인중개사, 은행, 공제사업자, 신탁업자, 체신관서, 보험회사, 전문회사
예치기관	금융기관, 공제사업자, 신탁업자, 기타 등(체신관서, 보험회사 등)
의무	개업공인중개사명의로 예치 시 개업공인중개사의 의무 ① 인출에 대한 동의방법, 반환채무이행을 보장하기 위한 실비 등에 대하여 거래당사자와 약정해야 한다. ② 자기 소유 예치금과 분리하여 관리해야 한다. ③ 거래당사자의 동의 없이 미리 인출해서는 안 된다. ④ 예치금액에 해당하는 보증을 설정하고 보증관계증서 사본이나 전자문서를 거래당사자에게 교부해야 한다.
사전 수령	매도인 등은 금융기관 또는 보증보험회사가 발행하는 보증서를 계약금 등의 예치명의자에게 교부하고 예치된 계약금 등을 미리 수령 가능하다.

PART 08 중개보수

POINT 24 중개보수 및 실비

구분	내용
중개보수 계산	거래금액 × 요율 = 산출액(한도액과 비교하여 적은 금액 인정)
거래금액산정	① 분양권 매매: 이미 납입한 금액에 프리미엄을 합산한 금액 ② 교환계약: 교환대상물 중 큰 중개대상물 금액 ③ 월차임이 있는 임대차: 보증금 + (월차임 × 100) ※ 단, 5천만원 미만인 경우 70을 곱한다. ④ 동일한 중개대상물에 대하여 동일한 당사자 간에 매매를 포함한 둘 이상의 거래가 동일한 기회에 이루어지는 경우에는 매매금액만을 적용한다.

중개보수범위	① 주택(부속토지 포함): 국토교통부령이 정하는 범위 안에서 시·도의 조례로 정한다.
	② 오피스텔
	  ㉠ 주거용 오피스텔
	    ⓐ 매매·교환: 1천분의 5
	    ⓑ 임대차 등: 1천분의 4
	  ㉡ 사무용 오피스텔: 거래금액의 1천분의 9 범위 안에서 협의로 정한다.
	③ 주택 외(토지·상가 등): 거래금액의 1천분의 9 범위 안에서 개업공인중개사와 중개의뢰인이 협의하여 결정한다.
	④ 복합건물: 주택의 면적이 2분의 1 이상인 경우에는 주택의 요율을 적용하고, 주택의 면적이 2분의 1 미만인 경우에는 주택 외의 요율을 적용한다.

실비	① 권리관계 등 확인비용: 매도인 등 권리이전의뢰인에게 청구한다. ② 계약금 등의 반환채무이행보장비용: 매수인 등 권리취득의뢰인에게 청구한다.

PART 09 공인중개사협회 및 교육·포상금·신고센터 등

POINT 25 공인중개사협회

구분		내용
설립절차		발기인 모임(300인 이상)에서 정관 작성 → 창립총회(600인 이상 출석: 서울에서 100인 이상, 광역시 및 도에서 각각 20인 이상 출석) 의결 → 국토교통부장관의 설립인가 → 주된 사무소에서 설립등기를 함으로써 성립
조직		시·도에 지부를, 시·군·구에는 지회를 둘 수 있다.
감독		협회, 지부 및 지회에 대한 감독관청: 국토교통부장관
보고		협회는 총회의 의결내용을 지체 없이 국토교통부장관에게 보고하여야 한다.
공제사업	책임준비금	공제료 수입액의 100분의 10 이상으로 정하여야 한다.
	회계	다른 회계와 구분하여 별도의 회계로 관리하여야 한다.
	운용실적	운용실적을 회계연도 종료 후 3개월 이내에 공시하여야 한다.
	시정명령	국토교통부장관은 협회가 공제사업의 건전성을 해할 우려가 있다고 인정되는 경우 시정을 명할 수 있다.
	검사	금융감독원장은 국토교통부장관의 요청이 있는 경우 공제사업에 관하여 검사를 할 수 있다.
	운영위원회	공제사업에 관한 사항을 심의하고 그 업무집행을 감독하기 위하여 협회에 운영위원회를 둔다.
	개선명령	국토교통부장관은 협회의 공제사업 운영이 적정하지 아니하거나 자산상황이 불량하다고 인정하면 개선명령 등의 조치를 명할 수 있다.
	재무건전성	지급여력비율은 100분의 100 이상을 유지하여야 한다.
	징계·해임 등	국토교통부장관은 협회의 임원이 공제사업을 건전하게 운영하지 못할 우려가 있는 경우 그 임원에 대한 징계·해임, 시정명령을 할 수 있다.

POINT 26 교육

구분	실무교육	연수교육	직무교육	거래사고 예방교육
실시권자	시·도지사	시·도지사 ※ 시·도지사는 연수교육을 실시하려는 경우 2년이 되기 2개월 전까지 교육의 일시·장소·내용 등을 대상자에게 통지하여야 한다.	시·도지사, 등록관청	국토교통부장관, 시·도지사, 등록관청
교육 대상자	① 등록을 신청하는 공인중개사 ② 법인 사원·임원(대표자 포함) ③ 분사무소 책임자 ④ 소속공인중개사	실무교육을 받은 ① 개업공인중개사 ② 소속공인중개사	중개보조원	개업공인중개사 등
교육시기	등록신청일·분사무소설치신고일·고용신고일 전 1년 이내	실무교육을 받은 후 2년마다	고용신고일 전 1년 이내	규정 없음
교육시간	28시간 이상 32시간 이하	12시간 이상 16시간 이하	3시간 이상 4시간 이하	
교육내용	법률지식, 부동산 중개 및 경영 실무, 직업윤리 등	부동산 중개 관련 법제도의 변경사항, 부동산 중개 및 경영 실무, 직업윤리 등	중개보조원의 직무수행에 필요한 직업윤리 등	
교육위탁	학교, 협회, 공기업 또는 준정부기관에 위탁할 수 있다.			

POINT 27 포상금 (공인중개사법)

구분	내용
신고·고발 대상자	① 중개사무소의 개설등록을 하지 아니하고 중개업을 한 자 ② 거짓이나 그 밖의 부정한 방법으로 중개사무소의 개설등록을 한 자 ③ 중개사무소등록증 또는 공인중개사자격증을 다른 사람에게 양도·대여하거나 다른 사람으로부터 양수·대여받은 자 ④ 개업공인중개사가 아닌 자로서 중개대상물에 대한 표시·광고를 하여서는 아니 된다는 규정을 위반한 자 ⑤ 부당한 이익을 얻거나 제3자에게 부당한 이익을 얻게 할 목적으로 거짓으로 거래가 완료된 것처럼 꾸미는 등 중개대상물의 시세에 부당한 영향을 주거나 줄 우려가 있는 행위를 한 자 ⑥ 단체를 구성하여 특정 중개대상물에 대하여 중개를 제한하거나 단체 구성원 이외의 자와 공동중개를 제한하는 행위를 한 자 ⑦ 안내문, 온라인 커뮤니티 등을 이용하여 특정 개업공인중개사 등에 대한 중개의뢰를 제한하거나 제한을 유도하는 행위를 한 자 ⑧ 안내문, 온라인 커뮤니티 등을 이용하여 중개대상물에 대하여 시세보다 현저하게 높게 표시·광고 또는 중개하는 특정 개업공인중개사 등에게만 중개의뢰를 하도록 유도함으로써 다른 개업공인중개사 등을 부당하게 차별하는 행위를 한 자 ⑨ 안내문, 온라인 커뮤니티 등을 이용하여 특정 가격 이하로 중개를 의뢰하지 아니하도록 유도하는 행위를 한 자 ⑩ 정당한 사유 없이 개업공인중개사 등의 중개대상물에 대한 정당한 표시·광고행위를 방해하는 행위를 한 자 ⑪ 개업공인중개사 등에게 중개대상물을 시세보다 현저하게 높게 표시·광고하도록 강요하거나 대가를 약속하고 시세보다 현저하게 높게 표시·광고하도록 유도하는 행위를 한 자
지급조건	행정기관에 발각되기 전에 신고 또는 고발할 것 + 검사가 공소제기 또는 기소유예결정을 하였을 것
포상금 지급시기	신고·고발자가 등록관청에 포상금 지급신청: 등록관청은 수사기관에 처분내역을 조회한 후 포상금 지급을 결정하고 1개월 이내에 지급
포상금 지급내용	포상금은 1건당 50만원으로 한다. ※ 포상금 지급에 소요되는 비용 중 일부(100분의 50 이내)를 국고에서 보조할 수 있다. ① 하나의 사건을 2인 이상이 공동신고한 경우: 균등하게 지급(단, 배분방법에 대한 합의 시 합의 우선) ② 하나의 사건에 대하여 2건 이상이 신고·고발된 경우: 최초 신고·고발자에게 지급

POINT 28 부동산거래질서교란행위 신고센터

필살키 041

구분	내용
신고센터 업무	① 부동산거래질서교란행위 신고의 접수 및 상담 ② 신고사항에 대한 확인 또는 시·도지사 및 등록관청 등에 신고사항에 대한 조사 및 조치요구 ③ 신고인에 대한 신고사항 처리결과통보
신고사항 (전자문서 포함)	① 신고인 및 피신고인의 인적사항 ② 부동산거래질서교란행위의 발생일시·장소 및 그 내용 ③ 신고내용을 증명할 수 있는 증거자료 또는 참고인의 인적사항 ④ 그 밖의 신고처리에 필요한 사항
처리 종결	다음의 경우 신고센터는 국토교통부장관의 승인을 받아 접수된 신고사항의 처리를 종결할 수 있다. ① 신고내용이 명백히 거짓인 경우 ② 신고인이 신고센터의 보완요청에 대해 보완을 하지 않은 경우 ③ 신고사항의 처리결과를 통보받은 사항에 대하여 정당한 사유 없이 다시 신고한 경우로서 새로운 사실이나 증거자료가 없는 경우 ④ 신고내용이 이미 수사기관에서 수사 중이거나 재판이 계속 중이거나 법원의 판결에 의해 확정된 경우
통보 및 제출	① 시·도지사 및 등록관청 등은 조사 및 조치를 완료하고, 완료된 날부터 10일 이내에 그 결과를 신고센터에 통보해야 한다. ② 신고센터는 시·도지사 및 등록관청 등으로부터 처리 결과를 통보받은 경우 신고인에게 신고사항의 처리 결과를 통보해야 한다. ③ 신고센터는 매월 10일까지 직전 달의 신고사항 접수 및 처리 결과 등을 국토교통부장관에게 제출해야 한다.
업무위탁	국토교통부장관은 신고센터의 업무를 한국부동산원에 위탁한다.
「공인중개사법」상 부동산거래질서교란행위	① 자격증 대여 등의 금지규정을 위반한 경우 ② 유사명칭의 사용금지규정을 위반한 경우 ③ 중개사무소의 개설등록규정을 위반한 경우 ④ 중개보조원의 고지의무규정을 위반한 경우 ⑤ 금지행위(제33조 제1항·제2항)규정을 위반한 경우 ⑥ 거짓이나 그 밖의 부정한 방법으로 중개사무소의 개설등록을 한 경우 ⑦ 이중등록·이중소속의 금지 등의 규정을 위반한 경우 ⑧ 둘 이상의 사무소를 설치하거나 임시중개시설물을 설치한 경우 ⑨ 법인인 개업공인중개사의 겸업제한규정을 위반한 경우 ⑩ 개업공인중개사가 중개보조원 고용인원수규정을 위반한 경우 ⑪ 중개사무소등록증 등의 게시의무규정을 위반한 경우 ⑫ 사무소명칭표시규정을 위반한 경우 ⑬ 중개사무소등록증 대여 등의 금지규정을 위반한 경우 ⑭ 개업공인중개사가 중개대상물의 확인·설명의무규정을 위반한 경우 ⑮ 개업공인중개사가 임대차 중개 시의 설명의무규정을 위반한 경우 ⑯ 개업공인중개사가 거래계약서를 작성하는 때에 거래금액 등 거래내용을 거짓으로 기재하거나 서로 다른 둘 이상의 거래계약서를 작성한 경우 ⑰ 개업공인중개사 등의 비밀준수의무규정을 위반한 경우

| 「부동산 거래신고 등에 관한 법률」상 부동산거래 질서교란행위 | ① 부동산거래의 신고에 관한 규정을 위반한 경우
② 부동산거래의 해제 등 신고에 관한 규정을 위반한 경우
③ 누구든지 부동산거래신고 또는 부동산거래의 해제 등 신고에 관하여 다음의 어느 하나에 해당하는 행위를 한 경우
   ㉠ 개업공인중개사에게 부동산거래신고를 하지 아니하게 하거나 거짓으로 신고하도록 요구하는 행위
   ㉡ 부동산거래신고대상에 해당하는 계약을 체결한 후 신고 의무자가 아닌 자가 거짓으로 부동산거래신고를 하는 행위
   ㉢ 거짓으로 부동산거래신고 또는 부동산거래의 해제 등 신고에 따른 신고를 하는 행위를 조장하거나 방조하는 행위
   ㉣ 부동산거래신고대상에 해당하는 계약을 체결하지 아니하였음에도 불구하고 거짓으로 부동산거래신고를 하는 행위
   ㉤ 부동산거래신고 후 해당 계약이 해제 등이 되지 아니하였음에도 불구하고 거짓으로 부동산거래의 해제 등 신고를 하는 행위 |

+PLUS 부동산거래질서교란행위 신고절차

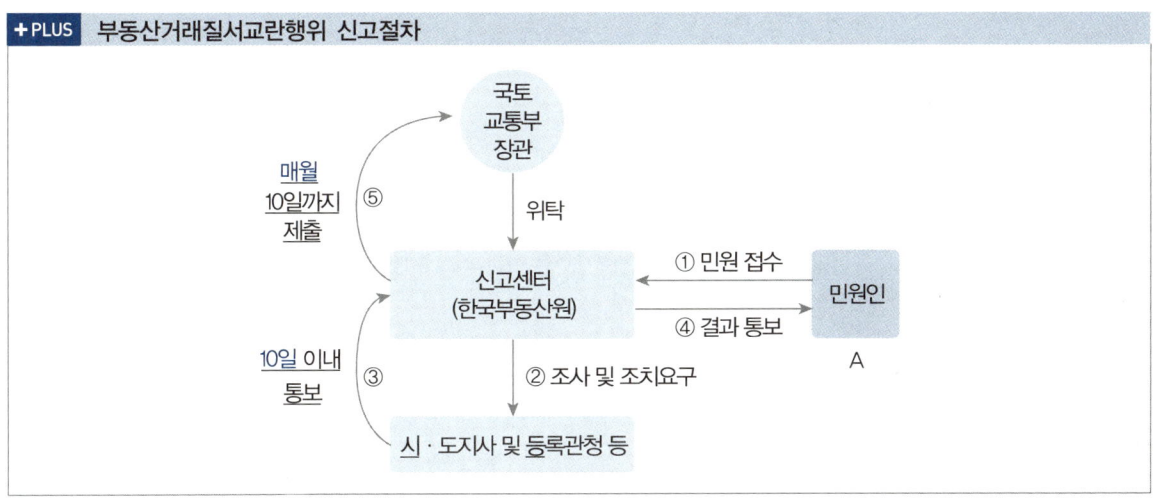

PART 10 지도·감독 및 행정처분

POINT 29 행정처분(등록취소·업무정지) 필살키 042~045

1. 개업공인중개사에 대한 절대적 등록취소사유

① 개인인 개업공인중개사가 사망하거나 개업공인중개사인 법인이 해산한 경우
② 거짓이나 그 밖의 부정한 방법으로 중개사무소의 개설등록을 한 경우
③ 등록 등의 결격사유에 해당하게 된 경우
  ※ 중개법인의 사원 또는 임원이 결격사유에 해당하는 경우 2개월 이내에 결격사유를 해소하지 아니하면 법인의 등록을 취소하여야 한다.
④ 이중으로 중개사무소의 개설등록을 한 경우
⑤ 이중소속한 경우(개업공인중개사가 다른 개업공인중개사의 소속공인중개사·중개보조원 또는 개업공인중개사인 법인의 사원·임원이 된 경우)
⑥ 다른 사람에게 자기의 성명 또는 상호를 사용하여 중개업무를 하게 하거나 중개사무소등록증을 다른 사람에게 양도 또는 대여한 경우
⑦ 업무정지기간 중에 중개업무를 한 경우, 자격정지기간 중인 소속공인중개사에게 중개업무를 수행하게 한 경우
⑧ 최근 1년 이내에 이 법에 의하여 2회 이상 업무정지처분을 받고 다시 업무정지처분에 해당하는 행위를 한 경우
⑨ 개업공인중개사가 개업공인중개사와 소속공인중개사를 합한 수의 5배를 초과하여 중개보조원을 고용한 경우

2. 개업공인중개사에 대한 상대적 등록취소사유

① 개업공인중개사가 등록기준에 미달하게 된 경우
② 중개사무소를 둘 이상 둔 경우
③ 임시중개시설물을 설치한 경우
④ 법인인 개업공인중개사가 겸업가능범위를 벗어나 겸업을 한 경우
⑤ 부득이한 사유 없이 계속하여 6개월을 초과하여 휴업한 경우
⑥ 손해배상책임을 보장하기 위한 조치(업무보증설정)를 이행하지 않고 업무를 개시한 경우
⑦ 전속중개계약체결 시 중개대상물에 대한 정보를 공개하지 않거나 중개의뢰인의 비공개요청에도 불구하고 정보를 공개한 경우
⑧ 거래계약서에 거래금액 등 거래내용을 거짓으로 기재하거나 서로 다른 둘 이상의 거래계약서를 작성한 경우
⑨ 개업공인중개사 등이 법 제33조 제1항에 규정된 금지행위를 한 경우
⑩ 최근 1년 이내에 이 법에 의하여 3회 이상 업무정지 또는 과태료의 처분을 받고 다시 업무정지 또는 과태료의 처분에 해당하는 행위를 한 경우
  ※ 다만, 최근 1년 이내에 이 법에 의하여 2회 이상 업무정지처분을 받고 다시 업무정지처분에 해당하는 행위를 한 경우는 제외한다.
⑪ 개업공인중개사가 조직한 사업자단체 또는 그 구성원인 개업공인중개사가 「독점규제 및 공정거래에 관한 법률」을 위반하여 시정조치 또는 과징금부과처분을 최근 2년 이내에 2회 이상 받은 경우

3. 업무정지사유

① 결격사유에 해당하는 자를 소속공인중개사 또는 중개보조원으로 둔 경우
   ※ 다만, 그 사유가 발생한 날부터 2개월 이내에 그 사유를 해소한 경우에는 그러하지 아니하다.
② 인장등록을 하지 아니하거나 등록하지 아니한 인장을 사용한 경우
③ 전속중개계약서에 의하지 아니하고 전속중개계약을 체결하거나 전속중개계약서를 3년간 보존하지 아니한 경우
④ 부동산거래정보망에 중개대상물에 관한 정보를 거짓으로 공개하거나 거래정보사업자에게 공개를 의뢰한 중개대상물의 거래가 완성된 사실을 해당 거래정보사업자에게 지체 없이 통보하지 아니한 경우
⑤ 중개대상물 확인·설명서를 교부하지 아니하거나 3년간 보존하지 아니한 경우
⑥ 중개대상물 확인·설명서에 서명 및 날인을 하지 아니한 경우
⑦ 적정하게 거래계약서를 작성·교부하지 아니하거나 5년간 보존하지 아니한 경우
⑧ 거래계약서에 서명 및 날인을 하지 아니한 경우
⑨ 개업공인중개사가 감독상 명령에 대하여 업무의 보고, 자료의 제출, 조사 또는 검사를 거부·방해 또는 기피하거나 그 밖의 명령을 이행하지 아니하거나 거짓으로 보고 또는 자료제출을 한 경우
⑩ 등록을 취소할 수 있는 사유에 해당하는 경우
⑪ 최근 1년 이내에 이 법에 의하여 2회 이상 업무정지 또는 과태료의 처분을 받고 다시 과태료의 처분에 해당하는 행위를 한 경우
⑫ 개업공인중개사가 조직한 사업자단체 또는 그 구성원인 개업공인중개사가 「독점규제 및 공정거래에 관한 법률」을 위반하여 시정조치 또는 과징금부과처분을 받은 경우
⑬ 그 밖에 이 법 또는 이 법에 의한 명령이나 처분에 위반한 경우
⑭ 법 부칙 제6조 제2항의 규정에 의한 개업공인중개사가 업무지역을 위반한 경우

+PLUS 행정처분(등록취소·업무정지) 관련 내용

1. 비교정리

   ① 절대적 등록취소 → 1년 2회↑ 업 + 업 → 업, 업, 업
   ② 상대적 등록취소 → 1년 3회↑ 업 또는 과 + 업 또는 과 → 과, 과, 과, 과
   ③ 업무정지 → 1년 2회↑ 업 또는 과 + 과 → 과, 과, 과

2. 업무정지 중요내용

   ① 가중·경감 → 1/2 범위 ─┬ ㉠ 최대기간 → 6개월 초과 ×
                              └ ㉡ 자격정지도 동일
   ② 주사무소, 분사무소별로 가능
   ③ 제척기간(3년) → 사유 발생 → 3년 경과 → 처분 ×
   ④ 승계 ─┬ ㉠ 효과승계 → 업 / 과 → 처분일(폐업일 ×) → 1년간 승계
            └ ㉡ 위반행위승계 ─┬ 등록취소 → 폐업기간 → 3년 → 처분 ×
                                └ 업무정지 → 폐업기간 → 1년 → 처분 ×

POINT 30 효과승계 및 위반행위승계

(1) 효과승계

업무정지, 과태료의 효과는 그 처분일로부터 1년간 승계된다.

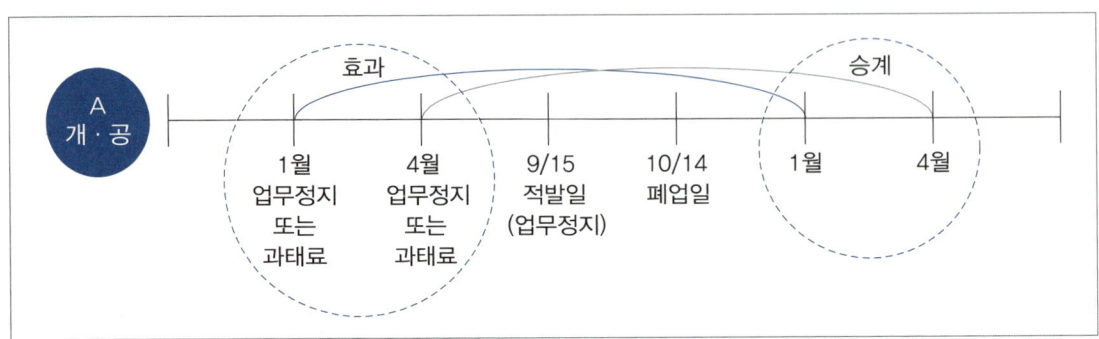

(2) 위반행위승계

등록취소는 폐업기간이 3년, 업무정지는 폐업기간이 1년을 초과한 경우 처분을 할 수 없다.

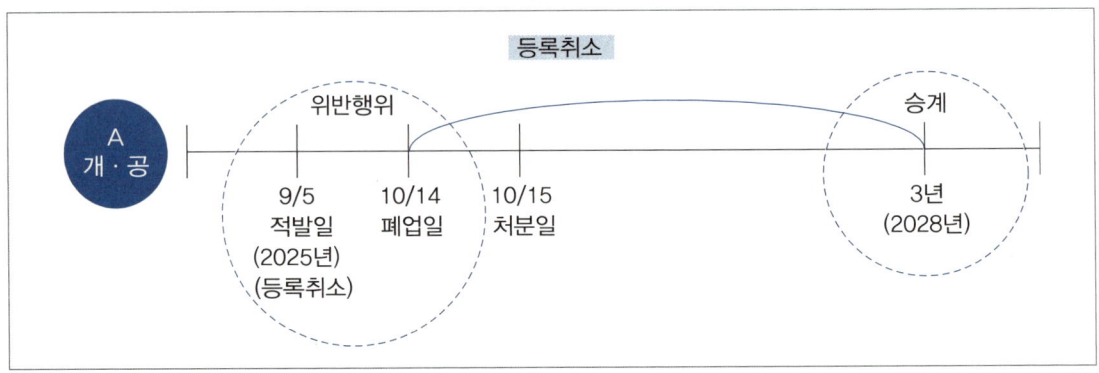

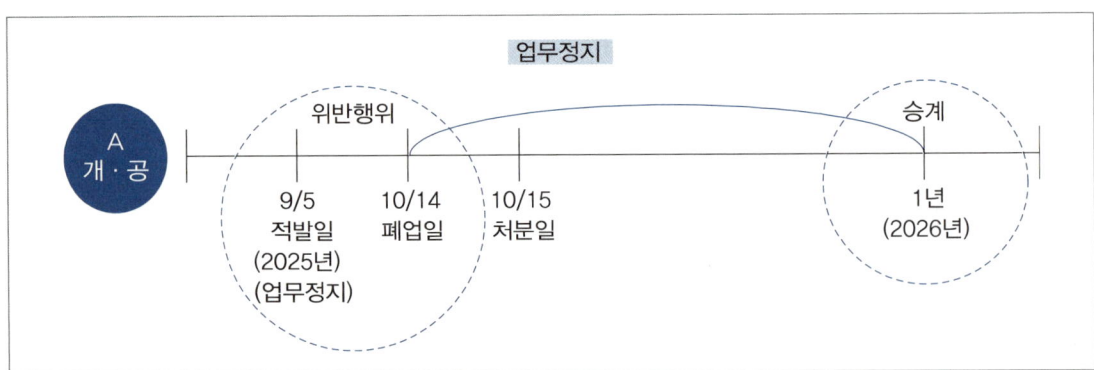

POINT 31 업무정지사유와 기간

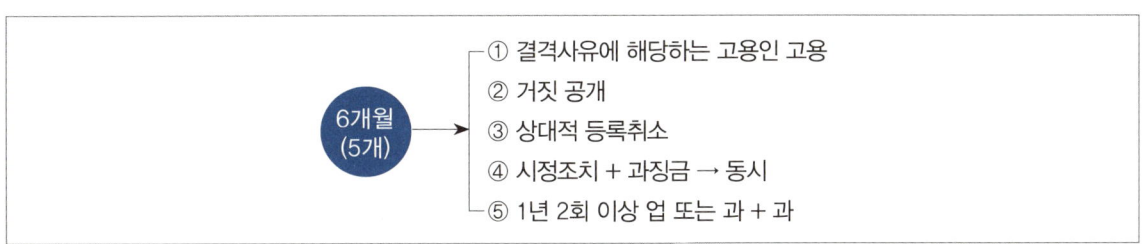

POINT 32 자격정지사유와 기간

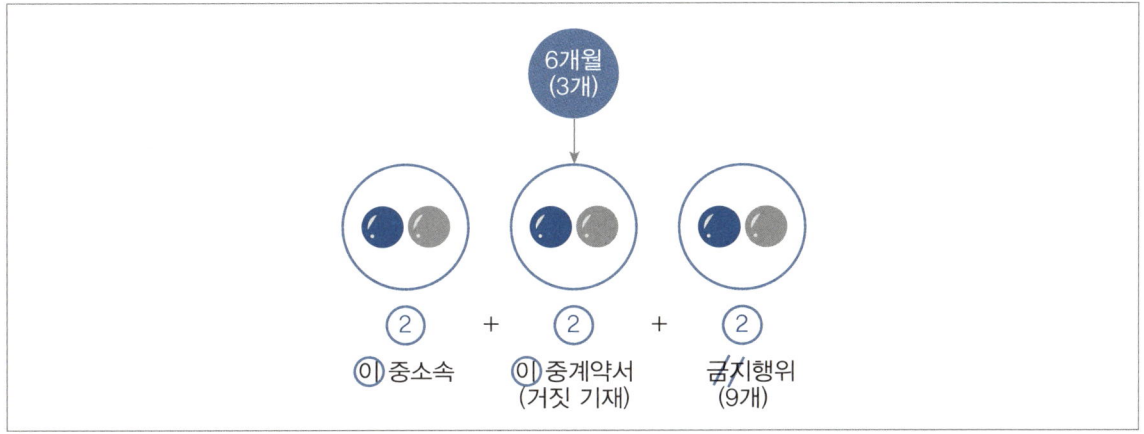

POINT 33 행정처분(자격취소 · 자격정지)

필살키 051~052

1. 자격취소사유

① 부정한 방법으로 공인중개사의 자격을 취득한 경우
② 다른 사람에게 자기의 성명을 사용하여 중개업무를 하게 하거나 공인중개사자격증을 양도 또는 대여한 경우
③ 자격정지기간 중에 중개업무를 수행하거나 다른 개업공인중개사의 소속공인중개사 · 중개보조원 또는 법인인 개업공인중개사의 사원 · 임원이 된 경우
④ 이 법 또는 공인중개사의 직무와 관련하여 「형법」 규정을 위반하여 금고 이상의 형(집행유예 포함)을 선고받은 경우

2. 자격정지사유

① 둘 이상의 중개사무소에 소속한 경우
② 거래계약서에 거래금액 등 거래내용을 거짓으로 기재하거나 서로 다른 둘 이상의 거래계약서를 작성한 경우
③ 인장등록을 하지 아니하거나 등록하지 아니한 인장을 사용한 경우
④ 중개대상물에 대한 확인 · 설명을 함에 있어 성실 · 정확하게 확인 · 설명을 하지 아니하거나 설명의 근거자료를 제시하지 아니하고 설명한 경우
⑤ 해당 중개업무를 수행하였음에도 중개가 완성된 때 중개대상물 확인 · 설명서에 서명 및 날인을 하지 아니한 경우
⑥ 해당 중개업무를 수행하였음에도 중개가 완성된 때 거래계약서에 서명 및 날인을 하지 아니한 경우
⑦ 법 제33조 제1항 각 호에 규정된 금지행위를 한 경우

+PLUS 자격취소 · 자격정지절차

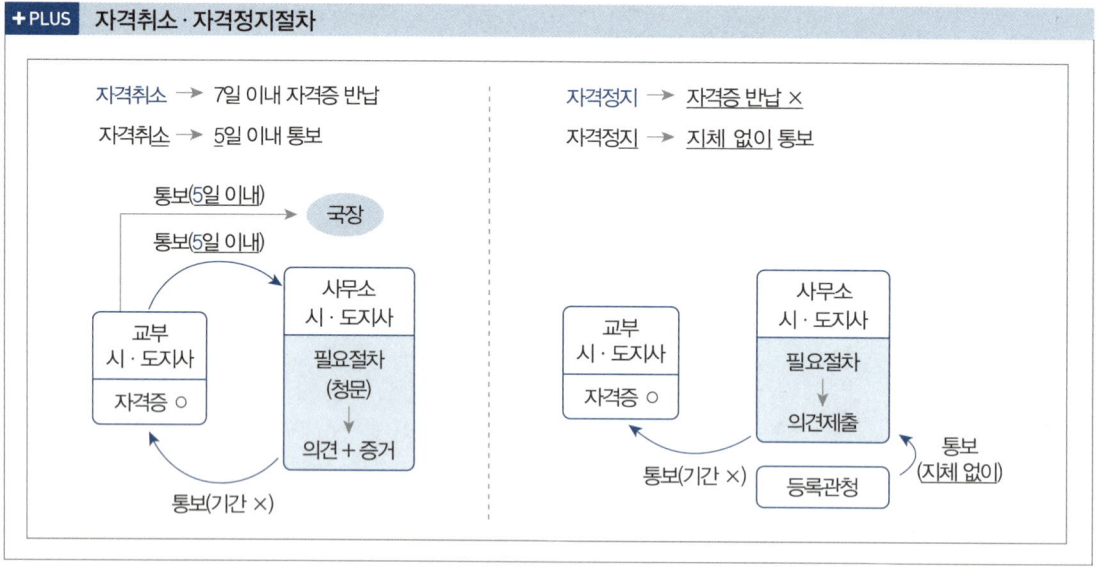

PART 11 벌칙(행정형벌·행정질서벌)

POINT 34 행정형벌(징역·벌금)

1. 3년 이하의 징역 또는 3천만원 이하의 벌금

① 무등록중개업자
② 거짓이나 그 밖의 부정한 방법으로 중개사무소의 개설등록을 한 자
③ 법 제33조에 규정된 금지행위 중 다음의 행위를 한 개업공인중개사 등
　㉠ 관계 법령에서 양도·알선 등이 금지된 부동산의 분양·임대 등과 관련 있는 증서 등의 매매·교환 등을 중개하거나 그 증서의 매매를 업으로 하는 행위
　㉡ 중개의뢰인과 직접 거래를 한 행위
　㉢ 거래당사자 쌍방을 대리하는 행위
　㉣ 탈세 등 관계 법령을 위반할 목적으로 소유권보존등기 또는 이전등기를 하지 아니한 부동산이나, 관계 법령의 규정에 의하여 전매 등 권리의 변동이 제한된 부동산의 매매를 중개하는 등 부동산투기를 조장하는 행위
　㉤ 부당한 이익을 얻거나 제3자에게 부당한 이익을 얻게 할 목적으로 거짓으로 거래가 완료된 것처럼 꾸미는 등 중개대상물의 시세에 부당한 영향을 주거나 줄 우려가 있는 행위
　㉥ 단체를 구성하여 특정 중개대상물에 대하여 중개를 제한하거나 단체 구성원 이외의 자와 공동중개를 제한하는 행위
　㉦ 안내문, 온라인 커뮤니티 등을 이용하여 특정 개업공인중개사 등에 대한 중개의뢰를 제한하거나 제한을 유도하는 행위
　㉧ 안내문, 온라인 커뮤니티 등을 이용하여 중개대상물에 대하여 시세보다 현저하게 높게 표시·광고 또는 중개하는 특정 개업공인중개사 등에게만 중개의뢰를 하도록 유도함으로써 다른 개업공인중개사 등을 부당하게 차별하는 행위
　㉨ 안내문, 온라인 커뮤니티 등을 이용하여 특정 가격 이하로 중개를 의뢰하지 아니하도록 유도하는 행위
　㉩ 정당한 사유 없이 개업공인중개사 등의 중개대상물에 대한 정당한 표시·광고행위를 방해하는 행위
　㉪ 개업공인중개사 등에게 중개대상물을 시세보다 현저하게 높게 표시·광고하도록 강요하거나 대가를 약속하고 시세보다 현저하게 높게 표시·광고하도록 유도하는 행위
※ ㉠~㉥: 법 제33조 제1항, ㉦~㉪: 법 제33조 제2항

2. 1년 이하의 징역 또는 1천만원 이하의 벌금

① 이중등록(이중으로 중개사무소의 개설등록을 한 자)
② 양도·대여한 자 및 양수·대여받은 자
    ㉠ 다른 사람에게 자기의 성명 또는 상호를 사용하여 중개업무를 하게 하거나 중개사무소등록증을 다른 사람에게 양도·대여한 개업공인중개사 및 개업공인중개사의 성명·상호를 사용하여 중개업무를 하거나 중개사무소등록증을 양수·대여받은 자
    ㉡ 누구든지 위 ㉠에서 금지한 행위를 알선한 자
    ㉢ 다른 사람에게 자기의 성명을 사용하여 중개업무를 하게 하거나 자격증을 양도·대여한 공인중개사 및 다른 사람의 공인중개사자격증을 양수·대여받은 자
    ㉣ 누구든지 위 ㉢에서 금지한 행위를 알선한 자
③ 이중소속(둘 이상의 중개사무소에 소속된 개업공인중개사 등)
④ 둘 이상의 중개사무소를 두거나 천막 등 임시중개시설물을 설치한 개업공인중개사
⑤ 정보공개 관련 규정을 위반한 거래정보사업자
    ㉠ 개업공인중개사로부터 공개의뢰받은 중개대상물의 정보 외의 정보를 부동산거래정보망에 공개한 거래정보사업자
    ㉡ 개업공인중개사로부터 공개의뢰받은 내용과 다르게 정보를 공개한 거래정보사업자
    ㉢ 개업공인중개사에 따라 정보가 차별적으로 공개되도록 한 거래정보사업자
⑥ 업무상 알게 된 비밀을 누설한 개업공인중개사 등
    ※ 다만, 피해자의 명시한 의사에 반하여 벌하지 아니한다.
⑦ 공인중개사 또는 개업공인중개사를 사칭한 자
    ㉠ 공인중개사가 아닌 자로서 공인중개사 또는 이와 유사한 명칭을 사용한 경우
    ㉡ 개업공인중개사 아닌 자로서 '공인중개사사무소', '부동산중개' 또는 이와 유사한 명칭을 사용한 경우
    ㉢ 개업공인중개사가 아닌 자로서 중개업을 하기 위하여 중개대상물에 대한 표시·광고를 한 경우
⑧ 법 제33조에 규정된 금지행위 중 다음의 행위를 한 개업공인중개사 등
    ㉠ 중개대상물의 매매를 업으로 한 자
    ㉡ 무등록중개업자인 사실을 알면서 그를 통하여 중개를 의뢰받거나 그에게 자기의 명의를 이용하게 한 자
    ㉢ 법정중개보수 또는 실비를 초과하여 금품을 받은 자
    ㉣ 해당 중개대상물의 거래상 중요사항에 관하여 거짓된 언행 기타의 방법으로 중개의뢰인의 판단을 그르치게 한 자
⑨ 개업공인중개사가 개업공인중개사와 소속공인중개사를 합한 수의 5배를 초과하여 중개보조원을 고용한 경우

POINT 35 행정질서벌(과태료)

1. 500만원 이하의 과태료

① 개업공인중개사(부당한 표시·광고행위)
  ㉠ 중개대상물이 존재하지 않아서 실제로 거래를 할 수 없는 중개대상물에 대한 표시·광고를 한 경우
  ㉡ 중개대상물의 가격 등 내용을 사실과 다르게 거짓으로 표시·광고하거나 사실을 과장되게 하는 표시·광고를 한 경우
  ㉢ 그 밖에 표시·광고의 내용이 부동산거래질서를 해치거나 중개의뢰인에게 피해를 줄 우려가 있는 것으로서 대통령령으로 정하는 내용의 표시·광고를 한 경우 등
② 개업공인중개사(확인·설명): 확인·설명을 하지 아니하거나 설명의 근거자료를 제시하지 아니한 경우
③ 개업공인중개사·소속공인중개사: 정당한 사유 없이 실무교육을 받은 후 2년마다 연수교육을 받지 아니한 경우
④ 개업공인중개사·중개보조원: 중개의뢰인에게 본인이 중개보조원이라는 사실을 알리지 아니한 사람 및 그가 소속된 공인중개사(다만, 개업공인중개사가 그 위반행위를 방지하기 위하여 해당 업무에 관하여 상당한 주의와 감독을 게을리하지 아니한 경우는 제외)
⑤ 정보통신서비스 제공자
  ㉠ 자료의 제출을 요구받은 정보통신서비스 제공자가 정당한 사유 없이 요구에 따르지 아니하여 관련 자료를 제출하지 아니한 경우
  ㉡ 필요한 조치를 요구받은 정보통신서비스 제공자가 정당한 사유 없이 요구에 따르지 아니하여 필요한 조치를 하지 아니한 경우
⑥ 거래정보사업자
  ㉠ 운영규정의 승인 또는 변경승인을 얻지 아니하거나 운영규정의 내용을 위반하여 부동산거래정보망을 운영한 경우
  ㉡ 감독상 명령을 위반한 경우
⑦ 공인중개사협회
  ㉠ 공제사업의 운용실적을 매 회계연도 종료 후 3개월 이내에 공시하지 아니한 경우
  ㉡ 감독상 명령 등을 위반한 경우
  ㉢ 시정명령을 이행하지 아니한 경우
  ㉣ 개선명령을 이행하지 아니한 경우
  ㉤ 공제사업에 관한 조사 또는 검사에 관한 규정을 위반한 경우

2. 100만원 이하의 과태료

① 중개사무소를 이전한 후 법정기한 내에 이전신고를 하지 아니한 개업공인중개사
② 중개가 완성된 경우 손해배상책임을 보장하는 조치(업무보증)에 관한 사항을 거래당사자에게 설명하지 아니하거나 보증관계증서의 사본이나 관계증서에 관한 전자문서를 교부·제공하지 아니한 개업공인중개사
③ 중개사무소에 법정 게시서류를 게시하지 아니한 개업공인중개사
④ 사무소명칭과 관련하여 문자사용 등 의무를 이행하지 아니한 개업공인중개사
　㉠ 사무소의 명칭에 '공인중개사사무소', '부동산중개'라는 문자를 사용하지 아니한 법인 또는 공인중개사인 개업공인중개사
　㉡ 사무소의 명칭에 '공인중개사사무소'라는 문자를 사용한 법 부칙 제6조 제2항에 규정된 개업공인중개사
　㉢ 옥외광고물에 성명을 표기하지 아니하거나 거짓으로 성명을 표기한 개업공인중개사
　㉣ 중개대상물의 중개에 관한 표시·광고를 하면서 개업공인중개사의 성명(법인인 경우에는 대표자의 성명), 중개사무소의 명칭, 소재지 및 연락처를 표시하지 아니하거나 중개보조원에 관한 사항을 명시한 개업공인중개사
　㉤ 개업공인중개사가 인터넷을 이용하여 중개대상물에 대한 표시·광고를 하는 때에는 중개대상물의 종류별로 소재지, 면적, 가격 등의 사항을 명시하여야 한다는 규정을 위반하여 표시·광고한 경우
⑤ 폐업신고, 휴업신고, 휴업 중개업의 재개 또는 휴업기간의 변경신고를 미리 하지 아니한 개업공인중개사
⑥ 반납의무를 이행하지 아니한 자
　㉠ 등록취소 후 7일 이내에 중개사무소등록증을 반납하지 아니한 자
　㉡ 자격취소 후 7일 이내에 공인중개사자격증을 반납하지 아니하거나 공인중개사자격증을 반납할 수 없는 사유서를 제출하지 아니하거나 거짓으로 반납할 수 없는 사유서를 제출한 자

+PLUS 행정벌 대상자 및 처분기관

구분	종류	대상자	처분기관	성격
행정형벌	3년 이하 징역 또는 3천만원 이하 벌금	개업공인중개사 등, 무등록중개업자, 거래정보사업자, 공인중개사, 일반인	법원	재량
	1년 이하 징역 또는 1천만원 이하 벌금			
행정질서벌	500만원 이하 과태료	거래정보사업자, 협회, 정보통신서비스 제공자	국토교통부장관	재량
		개업공인중개사, 소속공인중개사 (연수교육의무 위반)	시·도지사	
		개업공인중개사, 중개보조원 (고지의무 위반)	등록관청	
		개업공인중개사 (부당한 표시·광고, 확인·설명의무 위반)	등록관청	
	100만원 이하 과태료	공인중개사(자격증 반납 위반)	시·도지사	
		개업공인중개사(등록증 반납 위반 등)	등록관청	

PART 12 부동산 거래신고 등에 관한 법률

POINT 36 부동산거래신고

필살키 058~062

구분	내용
부동산거래신고 대상인 계약	① 부동산의 매매계약 ② 「택지개발촉진법」, 「주택법」 등에 따른 공급계약 ③ 「택지개발촉진법」, 「주택법」 등에 따른 부동산에 대한 공급계약을 통하여 <u>부동산을 공급받는 자로 선정된 지위</u> ④ 「도시 및 주거환경정비법」에 따른 관리처분계획의 인가로 취득한 <u>입주자로 선정된 지위</u>
부동산거래 신고사항	① 거래당사자의 인적사항 ② 계약체결일, 중도금지급일 및 잔금지급일 ③ 부동산 등의 소재지, 지번, 지목 및 면적 ④ 부동산 등의 종류 ⑤ 실제 거래가격 ⑥ <u>조건이나 기한이 있는 경우 그 조건 또는 기한</u> ⑦ 매수인이 국내에 주소 또는 거소를 두고 있지 않을 경우 – <u>위탁관리인의 인적사항</u> ⑧ 개업공인중개사의 인적사항, 상호, 전화번호, 소재지
신고의무자	① 직거래 시: 거래당사자 공동 ② 개업공인중개사 중개 시: 개업공인중개사
신고기한	계약체결일부터 <u>30일 이내</u>
신고관청	부동산 소재지 시·군·구청장
신고필증 교부	검인을 받은 것으로 본다.
정정신청	신고필증에 신고내용이 잘못 기재된 경우(원시적 요인) ① 거래당사자의 주소, 전화번호 또는 휴대전화번호 ② 거래지분비율 ③ 개업공인중개사의 전화번호, 상호 또는 사무소 소재지 ④ 거래대상 <u>건축물의 종류</u> ⑤ 거래대상 부동산 등의 지목·면적·거래지분 및 대지권비율 ※ 주소·전화번호 또는 휴대전화번호는 일방이 단독으로 서명 또는 날인하여 정정신청할 수 있다.
변경신고	신고내용이 변경된 경우(후발적 요인) ① 거래지분비율 ② 거래지분 ③ 거래대상 부동산 등의 면적 ④ <u>계약의 조건 또는 기한</u> ⑤ 거래가격 ※ 거래가격 중 분양가격 및 선택품목은 일방이 단독으로 변경신고할 수 있다.

	⑥ 중도금, 잔금 및 지급일 ⑦ 매수인의 변경(일부가 제외되는 경우) ⑧ 부동산 등의 변경(일부가 제외되는 경우) ⑨ 위탁관리인의 성명, 주민등록번호, 주소 및 전화번호(휴대전화번호를 포함)
해제 등 신고	① 거래당사자는 거래계약이 무효·취소·해제된 경우 30일 이내에 신고관청에 공동으로 신고하여야 한다. ② 개업공인중개사가 거래계약서를 작성·교부하여 신고를 한 경우 30일 이내에 해제 등의 신고를 할 수 있다.

+PLUS 주택·토지 관련 내용

1. 주택 – 자금조달계획서 및 입주계획서

   ① 자금계획서, 입주계획서
   - 규제지역(투기·조정) → 모든 거래(개인, 법인)
   - 비규제지역
     - 개인 → 6억원 이상
     - 법인 → 모든 거래

   ② 증빙서류 → 투기과열지구 → 모든 거래(개인, 법인)

2. 토지 – 자금조달 및 이용계획서

   ① 토지매수
   - 수도권 등에 소재하는 토지 → 1억원 이상
   - 수도권 등 외의 지역에 소재하는 토지 → 6억원 이상

   ② 토지지분매수
   - 수도권 등에 소재하는 토지 → 모든 거래
   - 수도권 등 외의 지역에 소재하는 토지 → 6억원 이상

+PLUS 부동산거래신고 및 주택임대차신고 비교정리

구분	부동산거래신고	주택임대차신고
정정신청	거래당사자, 개업공인중개사 정정신청 → 할 수 있다.	임대차계약당사자 정정신청 → 할 수 있다.
변경신고	거래당사자, 개업공인중개사 변경신고 → 할 수 있다.	임대차계약당사자 – 30일 이내 변경신고 → 하여야 한다.
해제신고	① 거래당사자 – 30일 이내 　해제신고 → 하여야 한다. ② 개업공인중개사 – 30일 이내 　해제신고 → 할 수 있다.	임대차계약당사자 – 30일 이내 해제신고 → 하여야 한다.

POINT 37 부동산거래신고서 작성방법

■ 부동산 거래신고 등에 관한 법률 시행규칙 [별지 제1호 서식] 〈개정 2023.8.22.〉

부동산거래관리시스템(rtms.molit.go.kr)
에서도 신청할 수 있습니다.

부동산거래계약 신고서

※ 뒤쪽의 유의사항·작성방법을 읽고 작성하시기 바라며, [ ]에는 해당하는 곳에 ✓표를 합니다. (앞쪽)

접수번호		접수일시		처리기간	지체 없이	
① 매도인	성명(법인명)		주민등록번호(법인·외국인등록번호)		국적	
	주소(법인소재지)				거래지분 비율 (분의)	
	전화번호		휴대전화번호			
② 매수인	성명(법인명)		주민등록번호(법인·외국인등록번호)		국적	
	주소(법인소재지)				거래지분 비율 (분의)	
	전화번호		휴대전화번호			
	③ 법인신고서등	[ ] 제출	[ ] 별도 제출		[ ] 해당 없음	
	외국인의 부동산등 매수용도	[ ] 주거용(아파트) [ ] 레저용	[ ] 주거용(단독주택) [ ] 상업용		[ ] 주거용(그 밖의 주택) [ ] 공업용 [ ] 그 밖의 용도	
	위탁관리인 (국내에 주소 또는 거소가 없는 경우)	성명	주민등록번호			
		주소				
		전화번호	휴대전화번호			
개업 공인중개사	성명(법인명)		주민등록번호(법인·외국인등록번호)			
	전화번호		휴대전화번호			
	상호		등록번호			
	사무소 소재지					
거래대상	종류	④ [ ] 토지 [ ] 건축물 ( ) [ ] 토지 및 건축물 ( )				
		⑤ [ ] 공급계약 [ ] 전매 [ ] 분양권 [ ] 입주권 [ ] 준공 전 [ ] 준공 후 [ ] 임대주택 분양전환				
	⑥ 소재지/지목/ 면적	소재지				
		지목	토지면적 ㎡		토지 거래지분 (분의)	
		대지권비율 (분의)	건축물면적 ㎡		건축물 거래지분 (분의)	
	⑦ 계약대상 면적	토지 ㎡	건축물 ㎡			
	⑧ 물건별 거래가격	공급계약 또는 전매	분양가격 원		발코니 확장 등 선택비용 원	추가 지급액 등 원
⑨ 총 실제 거래가격 (전체)	합계 원	계약금	원	계약 체결일		
		중도금	원	중도금 지급일		
		잔금	원	잔금 지급일		
⑩ 종전 부동산	소재지/지목/면적	소재지				
		지목	토지면적 ㎡		토지 거래지분 (분의)	
		대지권비율 (분의)	건축물면적 ㎡		건축물 거래지분 (분의)	
	계약대상 면적	토지 ㎡	건축물 ㎡		건축물 유형( )	
	거래금액	합계 원	추가 지급액 등 원		권리가격 원	
		계약금 원	중도금 원		잔금 원	
⑪ 계약의 조건 및 참고사항						

「부동산 거래신고 등에 관한 법률」 제3조 제1항부터 제4항까지 및 같은 법 시행규칙 제2조 제1항부터 제4항까지의 규정에 따라 위와 같이 부동산거래계약 내용을 신고합니다.

년   월   일

신고인   매도인: (서명 또는 인)
매수인: (서명 또는 인)
개업공인중개사: (서명 또는 인)
(개업공인중개사 중개 시)

시장 · 군수 · 구청장 귀하

210mm×297mm[백상지(80g/㎡) 또는 중질지(80g/㎡)]

(뒤쪽)

첨부서류	1. 부동산 거래계약서 사본(「부동산 거래신고 등에 관한 법률」 제3조 제2항 또는 제4항에 따라 **단독으로 부동산거래의 신고를 하는 경우에만 해당합니다**) 2. 단독신고사유서(「부동산 거래신고 등에 관한 법률」 제3조 제2항 또는 제4항에 따라 **단독으로 부동산거래의 신고를 하는 경우에만 해당합니다**)

유의사항

1. 「부동산 거래신고 등에 관한 법률」 제3조 및 같은 법 시행령 제3조의 실제 거래가격은 매수인이 매수한 부동산을 양도하는 경우 「소득세법」 제97조 제1항·제7항 및 같은 법 시행령 제163조 제11항 제2호에 따라 취득 당시의 실제 거래가격으로 보아 양도차익이 계산될 수 있음을 유의하시기 바랍니다.
2. 거래당사자 간 직접거래의 경우에는 **공동으로** 신고서에 서명 또는 날인을 하여 거래당사자 중 일방이 신고서를 **제출하고**, 중개거래의 경우에는 개업공인중개사가 신고서를 제출해야 하며, 거래당사자 중 일방이 국가 및 지자체, 공공기관인 경우(국가 등)에는 국가 등이 신고해야 합니다.
3. 부동산거래계약 내용을 기간 내에 신고하지 않거나, 거짓으로 신고하는 경우 「부동산 거래신고 등에 관한 법률」 제28조 제1항부터 제3항까지의 규정에 따라 과태료가 부과되며, 신고한 계약이 해제, 무효 또는 취소가 된 경우 거래당사자는 해제 등이 확정된 날로부터 30일 이내에 같은 법 제3조의2에 따라 신고를 해야 합니다.
4. 담당 공무원은 「부동산 거래신고 등에 관한 법률」 제6조에 따라 거래당사자 또는 개업공인중개사에게 거래계약서, 거래대금지급 증명 자료 등 관련 자료의 제출을 요구할 수 있으며, 이 경우 자료를 제출하지 않거나, 거짓으로 자료를 제출하거나, 그 밖의 필요한 조치를 이행하지 않으면 같은 법 제28조 제1항 또는 제2항에 따라 과태료가 부과됩니다.
5. 거래대상의 종류가 공급계약(분양) 또는 전매계약(분양권, 입주권)인 경우 ⑧ 물건별 거래가격 및 ⑨ 총 실제 거래가격에 부가가치세를 포함한 금액을 적고, 그 외의 거래대상의 경우 부가가치세를 제외한 금액을 적습니다.
6. '거래계약의 체결일'이란 거래당사자가 구체적으로 특정되고, 거래목적물 및 거래대금 등 거래계약의 중요 부분에 대하여 거래당사자가 합의한 날을 말합니다. 이 경우 합의와 더불어 계약금의 전부 또는 일부를 지급한 경우에는 그 지급일을 거래계약의 체결일로 보되, 합의한 날이 계약금의 전부 또는 일부를 지급한 날보다 앞서는 것이 서면 등을 통해 인정되는 경우에는 합의한 날을 거래계약의 체결일로 봅니다.

작성방법

1. ①·② 거래당사자가 다수인 경우 매도인 또는 매수인의 주소란에 ⑥의 거래대상별 거래지분을 기준으로 각자의 거래지분 비율(매도인과 매수인의 거래지분 비율은 일치해야 합니다)을 표시하고, 거래당사자가 외국인인 경우 거래당사자의 국적을 반드시 적어야 하며, 외국인이 부동산 등을 매수하는 경우 매수용도란의 주거용(아파트), 주거용(단독주택), 주거용(그 밖의 주택), 레저용, 상업용, 공장용, 그 밖의 용도 중 하나에 ✓ 표시를 합니다.
2. ③ '법인신고서등'란은 별지 제1호의2서식의 법인 주택 거래계약 신고서, 별지 제1호의3서식의 주택취득자금 조달 및 입주계획서, 제2조 제7항 각 호의 구분에 따른 서류, 같은 항 후단에 따른 사유서 및 별지 제1호의4서식의 토지취득자금 조달 및 토지이용계획서를 이 신고서와 함께 제출하는지 또는 별도로 제출하는지를 ✓표시하고, 그 밖의 경우에는 해당 없음에 ✓표시를 합니다.
3. ④ 부동산의 경우 '종류'란에는 토지, 건축물 또는 토지 및 건축물(복합부동산의 경우)에 ✓표시를 하고, 해당 부동산이 '건축물' 또는 '토지 및 건축물'인 경우에는 (   )에 건축물의 종류를 '아파트, 연립, 다세대, 단독, 다가구, 오피스텔, 근린생활시설, 사무소, 공장' 등 「건축법 시행령」 별표 1에 따른 용도별 건축물의 종류를 적습니다.
4. ⑤ 공급계약은 시행사 또는 건축주 등이 최초로 부동산을 공급(분양)하는 계약을 말하며, 준공 전과 준공 후 계약 여부에 따라 ✓표시하고, '임대주택 분양전환'은 임대주택사업자(법인으로 한정)가 임대기한이 완료되어 분양전환하는 주택인 경우에 ✓표시합니다. 전매는 부동산을 취득할 수 있는 권리의 매매로서, '분양권' 또는 '입주권'에 ✓표시를 합니다.
5. ⑥ 소재지는 지번(아파트 등 집합건축물의 경우에는 동·호수)까지, 지목/면적은 토지대장상의 지목·면적, 건축물대장상의 건축물 면적(집합건축물의 경우 호수별 전용면적, 그 밖의 건축물의 경우 연면적), 등기사항증명서상의 대지권 비율, 각 거래대상의 토지와 건축물에 대한 거래지분을 정확하게 적습니다.
6. ⑦ '계약대상 면적'란에는 실제 거래면적을 계산하여 적되, 건축물 면적은 집합건축물의 경우 전용면적을 적고, 그 밖의 건축물의 경우 연면적을 적습니다.
7. ⑧ '물건별 거래가격'란에는 각각의 부동산별 거래가격을 적습니다. 최초 공급계약(분양) 또는 전매계약(분양권, 입주권)의 경우 분양가격, 발코니 확장 등 선택비용 및 추가 지급액 등(프리미엄 등 분양가격을 초과 또는 미달하는 금액)을 각각 적습니다. 이 경우 각각의 비용에 부가가치세가 있는 경우 부가가치세를 포함한 금액으로 적습니다.
8. ⑨ '총 실제 거래가격'란에는 전체 거래가격(둘 이상의 부동산을 함께 거래하는 경우 각각의 부동산별 거래가격의 합계 금액)을 적고, 계약금/중도금/잔금 및 그 지급일을 적습니다.
9. ⑩ '종전 부동산'란은 입주권 매매의 경우에만 작성하고, 거래금액란에는 추가 지급액 등(프리미엄 등 분양가격을 초과 또는 미달하는 금액) 및 권리가격, 합계 금액, 계약금, 중도금, 잔금을 적습니다.
10. ⑪ '계약의 조건 및 참고사항'란은 부동산 거래계약 내용에 계약조건이나 기한을 붙인 경우, 거래와 관련한 참고내용이 있을 경우에 적습니다.
11. 다수의 부동산, 관련 필지, 매도·매수인, 개업공인중개사 등 기재사항이 복잡한 경우에는 다른 용지에 작성하여 간인 처리한 후 첨부합니다.
12. 소유권이전등기 신청은 「부동산등기 특별조치법」 제2조 제1항 각 호의 구분에 따른 날부터 60일 이내에 신청해야 하며, 이를 이행하지 않는 경우에는 같은 법 제11조에 따라 과태료가 부과될 수 있으니 유의하시기 바랍니다.

처리절차

신고서 작성 (인터넷, 방문신고)	⇨	접수	⇨	신고처리	⇨	신고필증 발급
신고인			처리기관: 시·군·구(담당부서)			

POINT 38 주택임대차계약신고

구분	내용
신고대상	① 보증금이 6천만원을 초과하거나 월차임이 30만원을 초과하는 경우 ② 계약을 갱신하는 경우로서 보증금 및 차임의 증감 없이 임대차기간만 연장하는 계약은 제외한다.
신고의무자 및 신고기간	① 계약체결일부터 30일 이내에 공동으로 신고하여야 한다. ② 일방이 국가 등인 경우에는 국가 등이 신고하여야 한다.
주택임대차 신고사항	① 임대차당사자의 인적사항 ② 임대차 목적물 ③ 보증금 또는 월차임 ④ 계약체결일 및 계약기간 ⑤ 계약갱신요구권의 행사 여부(계약을 갱신한 경우에만 해당) ⑥ 개업공인중개사의 사무소 명칭, 사무소 소재지, 대표자의 성명, 등록번호, 전화번호 및 소속 공인중개사의 성명
신고대상지역	특별자치시·특별자치도·시·군(광역시 및 경기도의 관할구역에 있는 군으로 한정)·구(자치구를 말함)
공동신고의제	일방이 임대차신고서에 단독으로 서명 또는 날인한 후 다음의 서류를 첨부해 신고관청에 제출한 경우에는 공동으로 신고서를 제출한 것으로 본다. ① 주택임대차계약서(계약서를 작성한 경우) ② 입금증, 주택임대차계약과 관련된 금전거래내역이 적힌 통장사본 등 주택임대차계약 체결 사실을 입증할 수 있는 서류 등(계약서를 작성하지 않은 경우) ③ 계약갱신요구권을 행사한 경우 이를 확인할 수 있는 서류 등
권한의 위임	지방자치단체의 조례로 정하는 바에 따라 읍·면·동장 또는 출장소장에게 위임할 수 있다.
변경 또는 해제신고	임대차계약의 당사자는 주택임대차변경신고서 또는 주택임대차계약해제신고서에 공동으로 서명 또는 날인하여 30일 이내에 신고관청에 제출해야 한다.
정정신청	임대차계약당사자는 주택임대차 신고사항 또는 주택임대차계약 변경신고의 내용이 잘못 적힌 경우에는 신고관청에 신고내용의 정정을 신청할 수 있다.
준용규정	① 부동산거래신고의 금지행위규정을 준용한다. ② 부동산거래신고내용의 검증규정을 준용한다. ③ 부동산거래신고내용의 조사 등에 관한 규정을 준용한다.
다른 법률에 따른 신고 등의 의제	① 전입신고를 한 경우 주택임대차신고를 한 것으로 본다. ② 주택임대차계약의 신고, 주택임대차계약의 변경 및 해제에 따른 신고에 대한 접수를 완료한 때에는 확정일자를 부여한 것으로 본다. ③ 「공공주택특별법」, 「민간임대주택에 관한 특별법」상 주택임대차계약의 신고 또는 변경신고를 한 경우 이 법에 따른 주택임대차계약의 신고 또는 변경신고를 한 것으로 본다.

+PLUS 의제규정 및 부동산거래신고 내용 조사절차

1. 의제규정

구분	부동산거래신고	주택임대차신고	
의제규정	① 부동산거래신고 ⇄ 외국인 신고 (O/×) ② 부동산거래신고 ⇄ 검인 (O/×)	① 전입신고 ⇄ 주택임대차신고 (O/×) ② 주택임대차신고 ⇄ 확정일자 (O/×) ③ 「공공주택특별법」「민간임대주택에 관한 특별법」 주택임대차신고, 변경신고	⇄ 주택임대차계약의 신고 또는 변경신고 (O/×)

2. 부동산거래신고 내용 조사절차

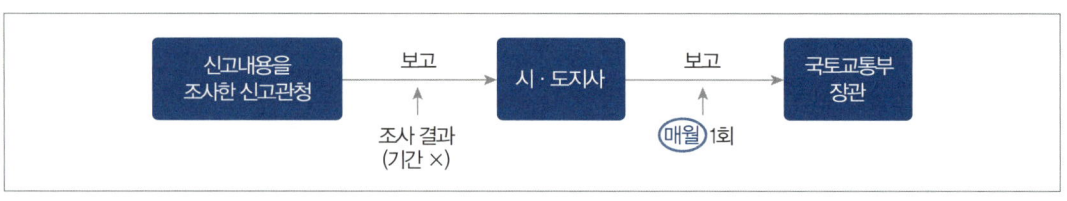

신고내용을 조사한 신고관청 →(보고)→ 시·도지사 →(보고)→ 국토교통부 장관
조사 결과(기간 ×) / 매월 1회

POINT 39 외국인 등의 부동산취득신고·허가

필살키 066~067

1. 신고·허가내용

구분		내용
신고의무	계약	① 계약체결일부터 60일 이내(부동산거래신고를 한 경우 제외) ② 제재: 300만원 이하 과태료
	계약 외	① 취득일부터 6개월 이내(건축물의 신축·증축·개축·재축 포함) ② 제재: 100만원 이하 과태료
	국적변경	① 국적을 변경하여 계속 보유 시: 국적변경된 날부터 6개월 이내 ② 제재: 100만원 이하 과태료

허가의무		① 허가대상 토지
		  ㉠ 군사기지 및 군사시설보호구역 등 군사 관련 토지
		  ㉡ 지정문화유산과 이를 위한 보호물 또는 보호구역
		  ㉢ 생태·경관보전지역 토지
		  ㉣ 야생생물특별보호구역 토지
		  ㉤ 천연기념물 등과 이를 위한 보호물 또는 보호구역
		② 위반: 계약무효 + 2년 이하의 징역 또는 2천만원 이하의 벌금
		③ 허가 또는 불허가처분
		  ㉠ 군사기지 및 군사시설 보호구역: 30일
		  ㉡ 이외 지역: 15일

2. 외국인 등의 취득신고절차

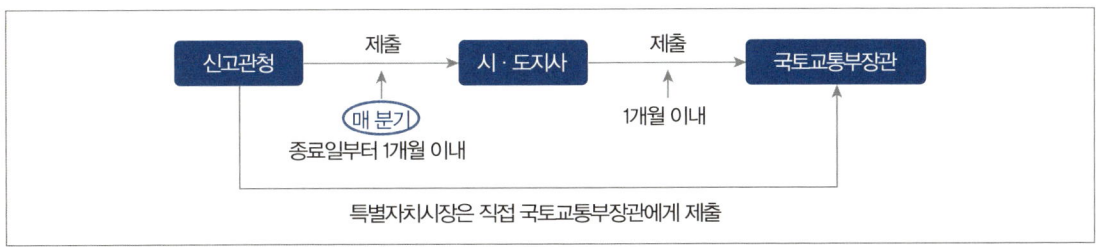

POINT 40 토지거래허가

필살키 068~072

구분	내용

지정권자	① 허가구역이 둘 이상 시·도 관할구역에 걸치는 경우: 국토교통부장관
	② 허가구역이 동일한 시·도 안의 일부 지역인 경우: 시·도지사
	③ 국가가 시행하는 개발사업 등에 따라 투기적인 거래가 성행하거나 지가가 급격히 상승하는 지역과 그러한 우려가 있는 지역 등 다음의 요건을 모두 충족하는 경우는 국토교통부장관이 지정할 수 있다.
	   ㉠ 「국가 또는 공공기관의 운영에 관한 법률」에 따른 공공기관이 관련 법령에 따른 개발사업을 시행하는 경우일 것
	   ㉡ 해당 지역의 지가변동률 등이 인근지역 또는 전국 평균에 비하여 급격히 상승하거나 상승할 우려가 있는 경우일 것

허가구역 내 토지거래에 대한 허가	① 소유권, 지상권
	② 유상계약
	③ 기준면적 초과토지
	   ㉠ 도시지역
	      ⓐ 주거지역: 60m²
	      ⓑ 상업지역: 150m²
	      ⓒ 공업지역: 150m²
	      ⓓ 녹지지역: 200m²
	      ⓔ 미지정지역: 60m²
	   ㉡ 도시지역 외 지역
	      ⓐ 임야: 1,000m²
	      ⓑ 농지: 500m²
	      ⓒ 기타: 250m²

이의신청	① 처분을 받은 날부터 1개월 이내에 시장·군수 또는 구청장에게 이의를 신청할 수 있다. ② 시·군·구도시계획위원회의 심의를 거쳐 그 결과를 이의신청인에게 알려야 한다.

선매	① 선매대상토지 　㉠ 공익사업용 토지 　㉡ 이용목적대로 이용하고 있지 아니한 토지 ② 허가신청이 있는 경우 1개월 이내에 선매자를 지정하여 알려야 한다. ③ 선매자로 지정된 자는 15일 이내에 선매조건을 기재한 서면을 통지하여 선매협의를 하여야 한다. ④ 선매가격은 감정가격을 기준으로 한다. ⑤ 선매협의가 이루어지지 않은 경우 지체 없이 허가 또는 불허가 여부를 결정하여 통보하여야 한다.
매수청구	① 불허가처분을 받은 자는 1개월 이내에 매수청구가 가능하다. ② 공시지가를 기준으로 매수하게 한다.
허가목적대로 이용하여야 하는 기간	① 토지취득일부터 2년 　㉠ 자기의 거주용 주택용지 　㉡ 복지시설, 편익시설 설치를 위한 용지 　㉢ 농업·축산업·임업·어업을 경영하기 위해 필요한 경우 　㉣ (공익사업용으로) 협의양도되거나 수용된 토지에 대체되는 토지 ② 토지취득일부터 4년: 사업시행 ③ 토지취득일부터 5년: 현상 보존 목적 토지취득, 이외의 경우
이행명령· 이행강제금	① 시장·군수 또는 구청장은 토지의 이용의무를 이행하지 아니한 자에 대하여 상당한 기간을 정하여 토지의 이용의무를 이행하도록 명할 수 있다. 이 경우 이행명령은 문서로 하여야 하며, 이행기간은 3개월 이내로 정하여야 한다. ② 이행강제금 　㉠ 당초 목적대로 이용하지 아니하고 방치한 경우: 100분의 10 　㉡ 직접 이용하지 아니하고 임대한 경우: 100분의 7 　㉢ 승인 없이 당초 이용목적을 변경하여 이용한 경우: 100분의 5 　㉣ 위 ㉠~㉢ 외의 경우: 100분의 7 ③ 이의신청: 부과처분을 고지받은 날부터 30일 이내에 하여야 한다.

POINT 41 토지거래허가기준

① 공익사업용으로 농지를 협의양도하거나 농지가 수용된 농업인 등으로서 협의양도하거나 수용된 날부터 3년 이내에 협의양도하거나 수용된 농지를 대체하기 위하여 본인이 거주하는 주소지로부터 80km 안에 소재하는 농지를 취득하는 경우 토지취득허가를 받을 수 있다.
② 농업인 등으로서 본인이 거주하는 주소지로부터 30km 이내에 소재하는 토지를 농업·축산업·임업 또는 어업을 경영하기 위하여 취득하려는 사람은 허가받을 수 있다.
③ 농업인 등이 아닌 자로서 농업을 영위하기 위하여 토지를 취득하려는 경우 세대원 전원이 해당 토지가 소재하는 지역에 주민으로 등록되어 있어야 하며, 세대원 전원이 실제로 해당 토지가 소재하는 지역에 거주하여야 토지취득허가를 받을 수 있다.

POINT 42 포상금(부동산 거래신고 등에 관한 법률)

비고	「부동산 거래신고 등에 관한 법률」상 포상금
지급사유	① 계약을 체결하지 아니하였음에도 불구하고 거짓으로 부동산거래신고를 한 자 ② 계약이 해제 등이 되지 아니하였음에도 불구하고 거짓으로 부동산거래의 해제 등 신고를 한 자 ③ 부동산 등의 실제 거래가격을 거짓으로 신고한 자(신고의무자가 아닌 자가 거짓으로 신고를 한 경우 포함) ④ 주택임대차신고, 변경 및 해제신고 규정에 관하여 거짓으로 신고한 자 ⑤ 허가 또는 변경허가를 받지 아니하고 토지거래계약을 체결한 자 또는 거짓이나 그 밖의 부정한 방법으로 토지거래계약허가를 받은 자 ⑥ 토지거래계약허가를 받아 취득한 토지에 대하여 허가받은 목적대로 이용하지 아니한 자
지급금액	① 위 ①, ②, ③, ④: 부과되는 과태료의 20%를 지급한다(단, ③은 한도액을 1천만원으로 함). ② 위 ⑤, ⑥: 50만원을 지급한다.
미지급사유	① 공무원이 직무와 관련하여 발견한 사실을 신고하거나 고발한 경우 ② 해당 위반행위를 하거나 위반행위에 관여한 자가 신고하거나 고발한 경우 ③ 익명이나 가명으로 신고 또는 고발하여 신고인 또는 고발인을 확인할 수 없는 경우
보조	포상금의 지급에 드는 비용은 시·군이나 구의 재원으로 충당한다.
지급기한	신청서가 접수된 날부터 2개월 이내에 포상금을 지급하여야 한다.

PART 13 중개대상물 조사 및 확인

POINT 43 중개대상물 조사·확인   필살카 075

공부의 종류	특징
토지대장·건축물대장	물적 사항(소재지, 지목, 면적 등) 조사의 기준
등기사항증명서	권리관계에 대한 사항 조사의 기준
토지이용계획확인서	공법상 이용제한 및 거래규제사항 조사의 기준 ※ 건폐율 상한·용적률 상한은 해당 시·군 조례를 확인해야 한다.
지적도(임야도)	경계·지형 조사의 기준
환지예정지지정증명원	환지의 소재지, 지목, 면적 등을 조사
무허가건축물대장	건축주 확인. 다만, 건축주는 소유자로 간주·추정되지 아니한다.

POINT 44 분묘기지권 및 장사 등에 관한 법률   필살카 076~077

1. 분묘기지권

성격	① 지상권에 유사한 물권 ② 분묘기지의 점유는 타인 토지에 대한 소유의 의사가 추정되지 않는다.
성립요건	시신이 안장된 봉분형태의 분묘일 것 ※ 평장·암장·가묘(장래의 묘소)는 인정되지 않는다.
성립	① 토지소유자의 승낙을 얻어 분묘를 설치한 경우 ② 토지소유자의 승낙 없이 분묘 설치 후 20년간 평온·공연하게 점유한 경우 ※ 분묘기지의 점유는 착오에 의한 점유도 인정한다. ③ 분묘를 설치한 후 분묘이전에 대한 특약 없이 토지를 처분한 경우
분묘기지권자	분묘의 소유자(제사를 주재하는 자) ※ 종손이 관리하고 있는 경우는 종손에 전속한다.
효력	① 효력범위: 분묘기지 + 분묘를 수호하고 봉제사에 필요한 주변 공지를 포함한다. ※ 사성이 분묘기지권의 범위에 포함되는 것은 아니다. ② 분묘기지권 범위 내에서 분묘이전 시 이장된 분묘도 효력을 유지한다. ③ 부부 중 일방이 먼저 사망하여 분묘가 설치되어 분묘기지권의 효력이 미치고 있던 중 다른 일방이 사망한 경우 분묘기지권의 효력이 미치는 범위 내로 합장을 위한 단분·쌍분 형태의 분묘 설치는 허용되지 아니한다.

존속기간	봉제사를 계속하고 그 분묘가 존속하는 기간 ※ 홍수 등으로 일시적인 봉분의 절개 등이 있으나 시신이 유지되어 있다면 분묘기지권은 존속한다.
지료	① 판례에 의하면 분묘기지권을 시효취득하였더라도 분묘기지권자는 토지소유자가 분묘기지에 관한 지료를 청구하면 분묘기지권자는 토지소유자가 청구한 때부터 지료를 지급할 의무가 있다. ② 자기소유토지에 분묘를 설치한 사람이 그 토지를 양도하면서 분묘를 이장하겠다는 특약을 하지 않음으로써 분묘기지권을 취득한 경우, 특별한 사정이 없는 한 분묘기지권자는 분묘기지권이 성립한 때부터 토지소유자에게 그 분묘의 기지에 대한 토지사용의 대가로서 지료를 지급할 의무가 있다.
소멸	① 폐장한 경우 ② 분묘기지권의 효력이 미치지 아니한 지역으로 이장 ③ 분묘기지권의 포기 ※ 포기의 의사 외에 점유의 포기는 요하지 아니한다.

2. 「장사 등에 관한 법률」

사설묘지 면적제한	① 개인묘지: 설치(30m² 이내) 후 30일 이내 시장·군수·구청장에게 신고 ② 기타 사설묘지: 설치 전에 시장·군수·구청장의 허가 　㉠ 가족묘지의 면적: 100m² 이내 　㉡ 종중·문중 묘지의 면적: 1천m² 이내 　㉢ 법인묘지의 면적: 10만m² 이상
묘지면적	<table><tr><th>구분</th><th>개인묘지</th><th>가족묘지</th><th>종중·문중묘지</th><th>법인묘지</th></tr><tr><td>설치면적</td><td>30m² 이하</td><td>100m² 이하</td><td>1천m² 이하</td><td>10만m² 이상</td></tr><tr><td>묘지설치</td><td>사후신고</td><td colspan="3">사전허가</td></tr><tr><td>점유면적</td><td>규정 없음</td><td colspan="3">10m²(합장 15m² 이하)</td></tr></table>
분묘존속	원칙: 30년(합장 시는 합장일부터 다시 기산함) ※ 연장신청할 경우: 30년으로 1회에 한하여 연장 가능하다.
분묘철거	설치기간이 최종적으로 종료된 날로부터 1년 이내에 화장 또는 봉안
자연장지	<table><tr><th>구분</th><th>개인</th><th>가족</th><th>종중·문중</th><th>종교단체</th><th>공공법인·재단법인</th></tr><tr><td>묘지면적</td><td>30m² 미만</td><td>100m² 미만</td><td>2천m² 이하</td><td>4만m² 이하</td><td>5만m² 이상</td></tr><tr><td>묘지설치</td><td>사후신고</td><td>사전신고</td><td>사전신고</td><td>사전허가</td><td>사전허가</td></tr></table>

POINT 45 확인·설명서 작성

필살키 078~084

중개대상물 확인·설명사항				확인·설명서(기재사항)			
				I (주거용)	II (비주거용)	III (토지)	IV (입목 등)
1. 기본 확인 사항 (①~⑨)	개업 공인 중개사 확인	① 대상물건의 표시	토지, 건축물(내진설계 적용 여부, 내진능력)	○	○	○	○
		② 권리관계	등기부 기재사항	○	○	○	○
		③ 토지이용계획, 공법상 이용제한 및 거래규제에 관한 사항 (토지)	건폐율, 용적률 (시·군 조례)	○	○	○	×
			지역·지구 등 (토지이용계획확인서)	○	○	○	×
			도시·군계획시설 등 (개업공인중개사 확인)	○	○	○	×
		④ 임대차확인사항		○	×	×	×
		⑤ 입지조건	도로(접근성)	○	○	○	×
			대중교통	○	○	○	×
			주차장	○	○	×	×
			교육시설	○	×	×	×
		⑥ 관리에 관한 사항	경비실, 관리비	○ 경비실, 관리비	○ 경비실	×	×
		⑦ 비선호시설(1km 이내)		○	×	○	×
		⑧ 거래예정금액 등		○	○	○	○
		⑨ 취득 시 부담할 조세의 종류 및 세율		○	○	○	○
2. 세부 확인 사항 (⑩~⑭)	매도 (임대) 고지	⑩ 실제 권리관계 또는 공시되지 않은 물건의 권리 사항		○	○	○(실)	○(실)
	매도 (임대) 자료 요구	⑪ 내부·외부 시설물의 상태(건축물)	수도	○	○	×	×
			전기	○	○	×	×
			가스(취사용)	○	○	×	×

				○ 단독경보형 감지기	○ 소화전, 비상벨	×	×
			소방				
			난방방식 및 연료공급	○	○	×	×
			승강기	○	○	×	×
			배수	○	○	×	×
			그 밖의 시설물 (가정자동화시설)	○	○	×	×
		⑫ 벽면·바닥면 및 도배 상태	벽면, <u>바닥면</u>	<u>○</u>	<u>○</u>	×	×
			도배 상태	○	×	×	×
		⑬ 환경조건	일조량, 소음	○	×	×	×
		⑭ <u>현장안내</u>	현장안내자	○	×	×	×
3. 중개 보수 (⑮)		⑮ <u>중개보수</u> (부가세 별도)	중개보수, 실비, 지급시기	○	○	○	○

※ ①, ②, ⑧, ⑨, ⑩, ⑮: **공통적 기재사항**

■ 공인중개사법 시행규칙 [별지 제20호 서식] 〈개정 2024.7.2.〉 (6쪽 중 제1쪽)

중개대상물 확인·설명서[Ⅰ] (주거용 건축물)

(주택 유형: [ ]단독주택   [ ]공동주택   [ ]주거용 오피스텔)

(거래 형태: [ ]매매·교환   [ ]임대   )

확인·설명 자료	확인·설명 근거자료 등	[ ] 등기권리증 [ ] 등기사항증명서 [ ] 토지대장 [ ] 건축물대장 [ ] 지적도 [ ] 임야도 [ ] 토지이용계획확인서 [ ] 확정일자 부여현황 [ ] 전입세대확인서 [ ] 국세납세증명서 [ ] 지방세납세증명서 [ ] 그 밖의 자료(　　　　　　)
	대상물건의 상태에 관한 자료요구 사항	

유의사항	
개업공인중개사의 확인·설명의무	개업공인중개사는 중개대상물에 관한 권리를 취득하려는 중개의뢰인에게 성실·정확하게 설명하고, 토지대장 등본, 등기사항증명서 등 설명의 근거자료를 제시해야 합니다.
실제 거래가격 신고	「부동산 거래신고 등에 관한 법률」 제3조 및 같은 법 시행령 별표 1 제1호 마목에 따른 실제 거래가격은 매수인이 매수한 부동산을 양도하는 경우 「소득세법」 제97조 제1항 및 제7항과 같은 법 시행령 제163조 제11항 제2호에 따라 취득 당시의 실제 거래가액으로 보아 양도차익이 계산될 수 있음을 유의하시기 바랍니다.

Ⅰ. 개업공인중개사 기본 확인사항

① 대상 물건의 표시	토지	소재지				
		면적(m²)		지목	공부상 지목	
					실제 이용 상태	
	건축물	전용면적(m²)			대지지분(m²)	
		준공연도 (증개축연도)		용도	건축물대장상 용도	
					실제 용도	
		구조		방향		(기준: 　　)
		내진설계 적용 여부		내진능력		
		건축물대장상 위반건축물 여부	[ ] 위반 [ ] 적법	위반내용		

② 권리관계	등기부 기재사항	소유권에 관한 사항		소유권 외의 권리사항	
		토지		토지	
		건축물		건축물	

③ 토지이용계획, 공법상 이용제한 및 거래규제에 관한 사항 (토지)	지역·지구	용도지역		건폐율 상한	용적률 상한
		용도지구		%	%
		용도구역			
	도시·군 계획시설		허가·신고 구역 여부	[ ] 토지거래허가구역	
			투기지역 여부	[ ] 토지투기지역 [ ] 주택투기지역 [ ] 투기과열지구	
	지구단위계획구역, 그 밖의 도시·군관리계획		그 밖의 이용제한 및 거래규제사항		

(6쪽 중 제2쪽)

④ 임대차 확인사항	확정일자 부여현황 정보	[ ]임대인 자료 제출 [ ]열람 동의 [ ]임차인 권리 설명		
	국세 및 지방세 체납정보	[ ]임대인 자료 제출 [ ]열람 동의 [ ]임차인 권리 설명		
	전입세대 확인서	[ ]확인(확인서류 첨부) [ ]미확인(열람·교부 신청방법 설명) [ ]해당 없음		
	최우선변제금	소액임차인범위: 만원 이하 최우선변제금액: 만원 이하		
	민간임대 등록 여부	등록	[ ]장기일반민간임대주택 [ ]공공지원민간임대주택 [ ]그 밖의 유형( )	[ ]임대보증금 보증 설명
			임대의무기간 임대개시일	
		미등록 [ ]		
	계약갱신요구권 행사 여부	[ ]확인(확인서류 첨부) [ ]미확인 [ ]해당 없음		

개업공인중개사가 '④ 임대차 확인사항'을 임대인 및 임차인에게 설명하였음을 확인함	임대인	(서명 또는 날인)
	임차인	(서명 또는 날인)
	개업공인중개사	(서명 또는 날인)
	개업공인중개사	(서명 또는 날인)

※ 민간임대주택의 임대사업자는 「민간임대주택에 관한 특별법」 제49조에 따라 임대보증금에 대한 보증에 가입해야 합니다.
※ 임차인은 주택도시보증공사(HUG) 등이 운영하는 전세보증금반환보증에 가입할 것을 권고합니다.
※ 임대차 계약 후 「부동산 거래신고 등에 관한 법률」 제6조의2에 따라 30일 이내 신고해야 합니다(신고 시 확정일자 자동부여).
※ 최우선변제금은 근저당권 등 선순위 담보물권 설정 당시의 소액임차인범위 및 최우선변제금액을 기준으로 합니다.

⑤ 입지조건	도로와의 관계	(m × m)도로에 접함 [ ]포장 [ ]비포장		접근성	[ ]용이함 [ ]불편함
	대중교통	버스	( ) 정류장,	소요시간: ([ ]도보 [ ]차량) 약 분	
		지하철	( ) 역,	소요시간: ([ ]도보 [ ]차량) 약 분	
	주차장	[ ]없음 [ ]전용주차시설 [ ]공동주차시설 [ ]그 밖의 주차시설 ( )				
	교육시설	초등학교	( ) 학교,	소요시간: ([ ]도보 [ ]차량) 약 분	
		중학교	( ) 학교,	소요시간: ([ ]도보 [ ]차량) 약 분	
		고등학교	( ) 학교,	소요시간: ([ ]도보 [ ]차량) 약 분	

⑥ 관리에 관한 사항	경비실	[ ]있음 [ ]없음 관리주체 [ ]위탁관리 [ ]자체관리 [ ]그 밖의 유형

	관리비	관리비 금액: 총 원
		
		관리비 포함 비목: [ ]전기료 [ ]수도료 [ ]가스사용료 [ ]난방비 [ ]인터넷 사용료
		                [ ]TV 수신료 [ ]그 밖의 비목( )
		
		관리비 부과방식: [ ]임대인이 직접 부과 [ ]관리규약에 따라 부과
		                [ ]그 밖의 부과 방식( )

⑦ 비선호시설(1km 이내)	[ ]없음 [ ]있음 (종류 및 위치:)		
⑧ 거래예정금액 등	거래예정금액			
	개별공시지가 (m²당)		건물(주택) 공시가격	
⑨ 취득 시 부담할 조세의 종류 및 세율	취득세 % 농어촌특별세 % 지방교육세 % ※ 재산세와 종합부동산세는 6월 1일 기준으로 대상물건 소유자가 납세의무를 부담합니다.		

(6쪽 중 제3쪽)

Ⅱ. 개업공인중개사 세부 확인사항

⑩ 실제 권리관계 또는 공시되지 않은 물건의 권리 사항

⑪ 내부·외부 시설물의 상태 (건축물)	수도	파손 여부	[ ] 없음　　　[ ] 있음 (위치:　　　　　　　　　　　　)
		용수량	[ ] 정상　　　[ ] 부족함 (위치:　　　　　　　　　　　　)
	전기	공급상태	[ ] 정상　　　[ ] 교체 필요 (교체할 부분:　　　　　　　)
	가스(취사용)	공급방식	[ ] 도시가스　　[ ] 그 밖의 방식 (　　　　　　　　　　)
	소방	단독경보형 감지기	[ ] 없음　　　　　　　　　　※「소방시설 설치 및 관리에 관한 법률」제10조 및 같은 법 시행령 제10조에 따른 주택용 소방시설로서 아파트(주택으로 사용하는 층수가 5개층 이상인 주택을 말한다)를 제외한 주택의 경우만 적습니다. [ ] 있음(수량:　　 개)
	난방방식 및 연료공급	공급방식	[ ] 중앙공급　[ ] 개별공급　[ ] 지역난방　　시설작동 [ ] 정상　[ ] 수선 필요 (　　　　) ※ 개별 공급인 경우 사용연한 (　　) [ ] 확인불가
		종류	[ ] 도시가스　[ ] 기름　[ ] 프로판가스　[ ] 연탄 [ ] 그 밖의 종류 (　　　　　)
	승강기		[ ] 있음 ([ ] 양호　[ ] 불량)　[ ] 없음
	배수		[ ] 정상　[ ] 수선 필요 (　　　　　　　　　　　　　　)
	그 밖의 시설물		

⑫ 벽면·바닥면 및 도배 상태	벽면	균열	[ ] 없음　　　[ ] 있음 (위치:　　　　　　　　　　　　)
		누수	[ ] 없음　　　[ ] 있음 (위치:　　　　　　　　　　　　)
	바닥면		[ ] 깨끗함　　[ ] 보통임　　[ ] 수리 필요 (위치:　　　)
	도배		[ ] 깨끗함　　[ ] 보통임　　[ ] 도배 필요

⑬ 환경조건	일조량	[ ] 풍부함　　[ ] 보통임　　[ ] 불충분 (이유:　　　　　　　　　　)
	소음	[ ] 아주 작음　[ ] 보통임　[ ] 심한 편임　　진동　[ ] 아주 작음　[ ] 보통임　[ ] 심한 편임

⑭ 현장안내	현장안내자	[ ] 개업공인중개사　[ ] 소속공인중개사　[ ] 중개보조원(신분고지 여부: [ ] 예　[ ] 아니오) [ ] 해당 없음

※ '중개보조원'이란 공인중개사가 아닌 사람으로서 개업공인중개사에 소속되어 중개대상물에 대한 현장안내 및 일반서무 등 개업공인중개사의 중개업무와 관련된 단순한 업무를 보조하는 사람을 말합니다.
※ 중개보조원은 「공인중개사법」제18조의4에 따라 현장안내 등 중개업무를 보조하는 경우 중개의뢰인에게 본인이 중개보조원 이라는 사실을 미리 알려야 합니다.

(6쪽 중 제4쪽)

Ⅲ. 중개보수 등에 관한 사항

⑮ 중개보수 및 실비의 금액과 산출내역	중개보수		〈산출내역〉 중개보수: 실 비: ※ 중개보수는 시·도 조례로 정한 요율한도에서 중개의뢰인과 개업공인중개사가 서로 협의하여 결정하며 부가가치세는 별도로 부과될 수 있습니다.
	실비		
	계		
	지급시기		

「공인중개사법」 제25조 제3항 및 제30조 제5항에 따라 거래당사자는 개업공인중개사로부터 위 중개대상물에 관한 확인·설명 및 손해배상책임의 보장에 관한 설명을 듣고, 같은 법 시행령 제21조 제3항에 따른 본 확인·설명서와 같은 법 시행령 제24조 제2항에 따른 손해배상책임 보장 증명서류(사본 또는 전자문서)를 수령합니다.

년   월   일

매도인 (임대인)	주소		성명	(서명 또는 날인)
	생년월일		전화번호	
매수인 (임차인)	주소		성명	(서명 또는 날인)
	생년월일		전화번호	
개업 공인중개사	등록번호		성명(대표자)	(서명 및 날인)
	사무소 명칭		소속공인중개사	(서명 및 날인)
	사무소 소재지		전화번호	
개업 공인중개사	등록번호		성명(대표자)	(서명 및 날인)
	사무소 명칭		소속공인중개사	(서명 및 날인)
	사무소 소재지		전화번호	

작성방법(주거용 건축물)

〈작성일반〉

1. '[ ]' 있는 항목은 해당하는 '[ ]' 안에 ✓로 표시합니다.

2. 세부항목 작성 시 해당 내용을 작성란에 모두 작성할 수 없는 경우에는 별지로 작성하여 첨부하고, 해당란에는 '별지 참고'라고 적습니다.

〈세부항목〉

1. 「확인 · 설명자료」 항목의 '확인 · 설명 근거자료 등'에는 개업공인중개사가 확인 · 설명 과정에서 제시한 자료를 적으며, '대상물건의 상태에 관한 자료요구 사항'에는 매도(임대)의뢰인에게 요구한 사항 및 그 관련 자료의 제출 여부와 ⑩ 실제 권리관계 또는 공시되지 않은 물건의 권리사항부터 ⑬ 환경조건까지의 항목을 확인하기 위한 자료의 요구 및 그 불응 여부를 적습니다.

2. ① 대상물건의 표시부터 ⑨ 취득 시 부담할 조세의 종류 및 세율까지는 개업공인중개사가 확인한 사항을 적어야 합니다.

3. ① 대상물건의 표시는 토지대장 및 건축물대장 등을 확인하여 적고, 건축물의 방향은 주택의 경우 거실이나 안방 등 주실(主室)의 방향을, 그 밖의 건축물은 주된 출입구의 방향을 기준으로 남향, 북향 등 방향을 적고 방향의 기준이 불분명한 경우 기준(예: 남동향 - 거실 앞 발코니 기준)을 표시하여 적습니다.

4. ② 권리관계의 '등기부 기재사항'은 등기사항증명서를 확인하여 적습니다.

   가. 대상물건에 신탁등기가 되어 있는 경우에는 수탁자 및 신탁물건(신탁원부 번호)임을 적고, 신탁원부 약정사항에 명시된 대상물건에 대한 임대차계약의 요건(수탁자 및 수익자의 동의 또는 승낙, 임대차계약 체결의 당사자, 그 밖의 요건 등)을 확인하여 그 요건에 따라 유효한 임대차계약을 체결할 수 있음을 설명(신탁원부 교부 또는 ⑩ 실제 권리관계 또는 공시되지 않은 물건의 권리사항에 주요 내용을 작성)해야 합니다.

   나. 대상물건에 공동담보가 설정되어 있는 경우에는 공동담보 목록 등을 확인하여 공동담보의 채권최고액 등 해당 중개물건의 권리관계를 명확히 적고 설명해야 합니다.

   ※ 예를 들어, 다세대주택 건물 전체에 설정된 근저당권 현황을 확인 · 제시하지 않으면서, 계약대상 물건이 포함된 일부 호실의 공동담보 채권최고액이 마치 건물 전체에 설정된 근저당권의 채권최고액인 것처럼 중개의뢰인을 속이는 경우에는 「공인중개사법」 위반으로 형사처벌 대상이 될 수 있습니다.

5. ③ 토지이용계획, 공법상 이용제한 및 거래규제에 관한 사항(토지)의 '건폐율 상한 및 용적률 상한'은 시 · 군의 조례에 따라 적고, '도시 · 군계획시설', '지구단위계획구역, 그 밖의 도시 · 군관리계획'은 개업공인중개사가 확인하여 적으며, '그 밖의 이용제한 및 거래규제사항'은 토지이용계획확인서의 내용을 확인하고, 공부에서 확인할 수 없는 사항은 부동산종합공부시스템 등에서 확인하여 적습니다(임대차의 경우에는 생략할 수 있습니다).

6. ④ 임대차 확인사항은 다음 각 목의 구분에 따라 적습니다.

   가. 「주택임대차보호법」 제3조의7에 따라 임대인이 확정일자 부여일, 차임 및 보증금 등 정보(확정일자 부여 현황 정보) 및 국세 및 지방세 납세증명서(국세 및 지방세 체납 정보)의 제출 또는 열람 동의로 갈음했는지 구분하여 표시하고, 「공인중개사법」 제25조의3에 따른 임차인의 권리에 관한 설명 여부를 표시합니다.

   나. 임대인이 제출한 전입세대 확인서류가 있는 경우에는 확인에 ✓로 표시를 한 후 설명하고, 없는 경우에는 미확인에 ✓로 표시한 후 「주민등록법」 제29조의2에 따른 전입세대확인서의 열람 · 교부 방법에 대해 설명합니다(임대인이 거주하는 경우이거나 확정일자 부여현황을 통해 선순위의 모든 세대가 확인되는 경우 등에는 '해당 없음'에 ✓로 표시합니다).

   다. 최우선변제금은 「주택임대차보호법 시행령」 제10조(보증금 중 일정액의 범위 등) 및 제11조(우선변제를 받을 임차인의 범위)를 확인하여 각각 적되, 근저당권 등 선순위 담보물권이 설정되어 있는 경우 선순위 담보물권 설정 당시의 소액임차인범위 및 최우선변제금액을 기준으로 적어야 합니다.

   라. '민간임대 등록 여부'는 대상물건이 「민간임대주택에 관한 특별법」에 따라 등록된 민간임대주택인지 여부를 같은 법 제60조에 따른 임대주택정보체계에 접속하여 확인하거나 임대인에게 확인하여 '[ ]' 안에 ✓로 표시하고, 민간임대주택인 경우 같은 법에 따른 권리 · 의무사항을 임대인 및 임차인에게 설명해야 합니다.

(6쪽 중 제6쪽)

※ 민간임대주택은 「민간임대주택에 관한 특별법」 제5조에 따른 임대사업자가 등록한 주택으로서, 임대인과 임차인 간 임대차 계약(재계약 포함) 시에는 다음의 사항이 적용됩니다.
- 「민간임대주택에 관한 특별법」 제44조에 따라 임대의무기간 중 임대료 증액청구는 5퍼센트의 범위에서 주거비 물가지수, 인근 지역의 임대료 변동률 등을 고려하여 같은 법 시행령으로 정하는 증액비율을 초과하여 청구할 수 없으며, 임대차계약 또는 임대료 증액이 있은 후 1년 이내에는 그 임대료를 증액할 수 없습니다.
- 「민간임대주택에 관한 특별법」 제45조에 따라 임대사업자는 임차인이 의무를 위반하거나 임대차를 계속하기 어려운 경우 등에 해당하지 않으면 임대의무기간 동안 임차인과의 계약을 해제·해지하거나 재계약을 거절할 수 없습니다.

마. '계약갱신요구권 행사 여부'는 대상물건이 「주택임대차보호법」의 적용을 받는 주택으로서 임차인이 있는 경우 매도인(임대인)으로부터 계약갱신요구권 행사 여부에 관한 사항을 확인할 수 있는 서류를 받으면 '확인'에 ✓로 표시하여 해당 서류를 첨부하고, 서류를 받지 못한 경우 '미확인'에 ✓로 표시하며, 임차인이 없는 경우에는 '해당 없음'에 ✓로 표시합니다. 이 경우 개업공인중개사는 「주택임대차보호법」에 따른 임대인과 임차인의 권리·의무사항을 매수인에게 설명해야 합니다.

7. ⑥ 관리비는 직전 1년간 월평균 관리비 등을 기초로 산출한 총 금액을 적되, 관리비에 포함되는 비목들에 대해서는 해당하는 곳에 ✓로 표시하며, 그 밖의 비목에 대해서는 ✓로 표시한 후 비목 내역을 적습니다. 관리비 부과방식은 해당하는 곳에 ✓로 표시하고, 그 밖의 부과방식을 선택한 경우에는 그 부과방식에 대해서 작성해야 합니다. 이 경우 세대별 사용량을 계량하여 부과하는 전기료, 수도료 등 비목은 실제 사용량에 따라 금액이 달라질 수 있고, 이에 따라 총 관리비가 변동될 수 있음을 설명해야 합니다.

8. ⑦ 비선호시설(1㎞이내)의 '종류 및 위치'는 대상물건으로부터 1㎞ 이내에 사회통념상 기피 시설인 화장장·봉안당·공동묘지·쓰레기처리장·쓰레기소각장·분뇨처리장·하수종말처리장 등의 시설이 있는 경우, 그 시설의 종류 및 위치를 적습니다.

9. ⑧ 거래예정금액 등의 '거래예정금액'은 중개가 완성되기 전 거래예정금액을, '개별공시지가(㎡당)' 및 '건물(주택)공시가격'은 중개가 완성되기 전 공시된 공시지가 또는 공시가격을 적습니다[임대차의 경우에는 '개별공시지가(㎡당)' 및 '건물(주택)공시가격'을 생략할 수 있습니다].

10. ⑨ 취득 시 부담할 조세의 종류 및 세율은 중개가 완성되기 전 「지방세법」의 내용을 확인하여 적습니다(임대차의 경우에는 제외합니다).

11. ⑩ 실제 권리관계 또는 공시되지 않은 물건의 권리 사항은 매도(임대)의뢰인이 고지한 사항(법정지상권, 유치권, 「주택임대차보호법」에 따른 임대차, 토지에 부착된 조각물 및 정원수, 계약 전 소유권 변동 여부, 도로의 점용허가 여부 및 권리·의무 승계 대상 여부 등)을 적습니다. 「건축법 시행령」 별표 1 제2호에 따른 공동주택(기숙사는 제외합니다) 중 분양을 목적으로 건축되었으나 분양되지 않아 보존등기만 마쳐진 상태인 공동주택에 대해 임대차계약을 알선하는 경우에는 이를 임차인에게 설명해야 합니다.

※ 임대차계약의 경우 현재 존속 중인 임대차의 임대보증금, 월 단위의 차임액, 계약기간 및 임대차 계약의 장기수선충당금의 처리 등을 확인하여 적습니다. 그 밖에 경매 및 공매 등의 특이사항이 있는 경우 이를 확인하여 적습니다.

12. ⑪ 내부·외부 시설물의 상태(건축물), ⑫ 벽면·바닥면 및 도배 상태와 ⑬ 환경조건은 중개대상물에 대해 개업공인중개사가 매도(임대)의뢰인에게 자료를 요구하여 확인한 사항을 적고, ⑪ 내부·외부 시설물의 상태(건축물)의 '그 밖의 시설물'은 가정자동화시설(Home Automation 등 IT 관련 시설)의 설치 여부를 적습니다.

13. ⑮ 중개보수 및 실비는 개업공인중개사와 중개의뢰인이 협의하여 결정한 금액을 적되 '중개보수'는 거래예정금액을 기준으로 계산하고, '산출내역(중개보수)'은 '거래예정금액(임대차의 경우에는 임대보증금 + 월 단위의 차임액 × 100) × 중개보수 요율'과 같이 적습니다. 다만, 임대차로서 거래예정금액이 5천만원 미만인 경우에는 '임대보증금 + 월 단위의 차임액 × 70'을 거래예정금액으로 합니다.

14. 공동중개 시 참여한 개업공인중개사(소속공인중개사를 포함합니다)는 모두 서명·날인해야 하며, 2명을 넘는 경우에는 별지로 작성하여 첨부합니다.

PART 14 개별적 중개실무

POINT 46 부동산 전자계약

구분	소비자(거래의뢰인) 혜택	공인중개사 혜택
편리성	① 공인중개사 신분 확인 및 계약결과 안내 서비스 ② 주택임대차 확정일자 자동 부여(수수료 면제)	① 부동산 실거래 신고의무 면제 ② 종이계약서 보관 불필요
경제성	대출 우대금리 적용	부동산 서류 발급 최소화(건축물대장, 토지대장 등 생략)
안전성	계약서류 위·변조 및 부실한 확인·설명 차단	① 무자격·무등록 불법 중개행위 차단 ② 개인정보 암호화로 안심거래 지원

POINT 47 부동산 실권리자명의 등기에 관한 법률

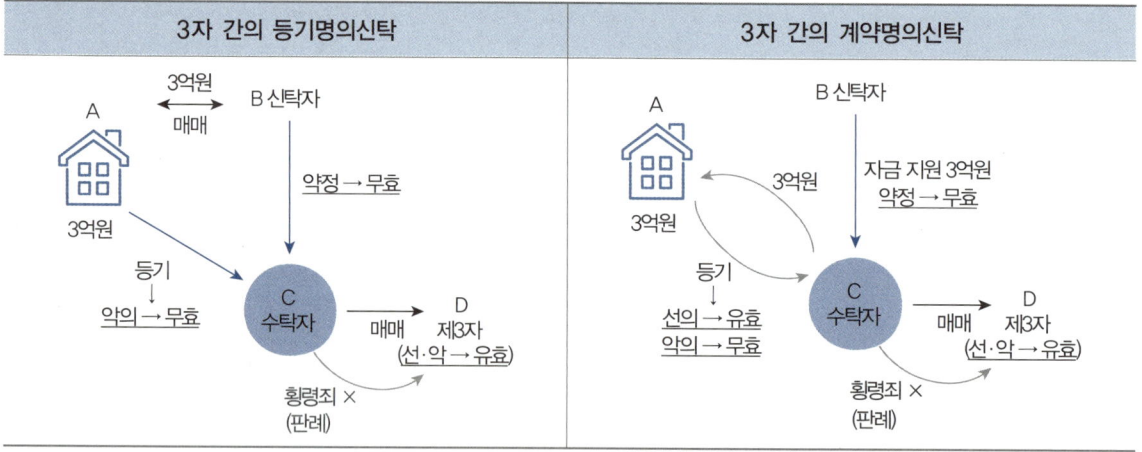

POINT 48 주택임대차보호법 및 상가건물 임대차보호법

1. 「주택임대차보호법」 및 「상가건물 임대차보호법」 비교

구분	「주택임대차보호법」	「상가건물 임대차보호법」
적용범위	① 임차인: 자연인 + 일부 법인(한국토지주택공사, 지방공사, 중소기업기본법 제2조에 규정된 중소기업 법인은 적용) ※ 기타 법인 및 법인의 직원명의로 임차한 경우는 적용되지 아니한다. ② 건물: 주거용 건물의 전부·일부(주택의 일부가 비주거용으로 사용, 무허가·미등기 건물도 적용) ③ 보증금·차임액과 무관: 적용 ④ 보증금 중 일정액의 보호 **지역 / 소액보증금 규모 / 최우선변제액** 서울특별시 / 1억 6,500만원 이하 / 5,500만원까지 과밀억제권역(서울특별시 제외), 세종특별자치시, 용인시, 화성시, 김포시 / 1억 4,500만원 이하 / 4,800만원까지 광역시(과밀억제권역과 군지역 제외), 안산시, 광주시, 파주시, 이천시, 평택시 / 8,500만원 이하 / 2,800만원까지 그 밖의 지역 / 7,500만원 이하 / 2,500만원까지	① 임차인: 자연인·법인 ② 건물: 사업자등록의 대상이 되는 영업용 건물 ③ 환산보증금의 적용: 보증금 + (월차임×100) ㉠ 서울: 9억원 이하 ㉡ 과밀, 인천, 부산: 6억 9천만원 이하 ㉢ 광역시, 세종, 파주, 화성, 안산시, 용인시, 김포시 및 광주시: 5억 4천만원 이하 ㉣ 기타, 인천의 군지역: 3억 7천만원 이하 ④ 보증금 중 일정액의 보호 **지역 / 보증금액 임차인 범위 / 최우선변제 한도** 서울특별시 / 6,500만원 이하 / 2,200만원까지 과밀억제권역(서울특별시 제외) / 5,500만원 이하 / 1,900만원까지 광역시(과밀억제권역과 군지역 제외), 안산시, 용인시, 김포시, 광주시 / 3,800만원 이하 / 1,300만원까지 그 밖의 지역 / 3,000만원 이하 / 1,000만원까지

대통령령에 규정된 금액을 초과하는 경우에도 적용되는 사항(상가건물 임대차보호법)
① 차임 및 보증금의 **증감청구**: 보증금을 초과하는 임대차는 5% 초과 금지규정이 적용되지 않는다.
② **권리금** 보호규정: 3기에 달하는 차임 연체 시 계약해지가 가능하다. 보증금을 초과하는 임대차의 경우도 권리금 관련 규정은 적용된다.
③ 임차인의 **계약갱신요구권**: 보증금을 초과한 임대차도 10년을 넘지 않는 범위 내에서 인정된다.
④ **대항력**: **양수인**은 전 임대인의 지위를 승계한다.
⑤ **표준계약서** 작성: 법무부장관은 국토교통부장관과 협의를 거쳐 상가건물 임대차 표준계약서를 정하여 그 사용을 권장할 수 있다.

⑥ **폐업**으로 인한 임차인의 해지권(법 제11조의2)
  ㉠ 임차인은 「감염병의 예방 및 관리에 관한 법률」에 따른 집합제한 또는 금지조치(운영시간을 제한한 조치 포함)를 총 3개월 이상 받음으로써 발생한 경제사정의 변동으로 폐업한 경우에는 임대차계약을 해지할 수 있다.
  ㉡ 위 ㉠에 따른 해지는 임대인이 계약해지의 통고를 받은 날부터 3개월이 지나면 효력이 발생한다.

	2년 보장	1년 보장
존속기간	※ 주택 임차인은 2년 미만으로 정한 약정의 유효주장이 가능하다. ※ 상가 임차인은 1년 미만으로 정한 약정의 유효주장이 가능하다. ※ 기간이 만료되어도 보증금이 반환되지 아니하면 임대차 존속으로 간주한다.	
법정갱신	① 임대인: 임차인에게 기간만료 <u>6개월 전~2개월 전까지</u> 갱신거절 등 통지를 하지 아니한 경우 ② 임차인: 임대인에게 기간만료 2개월 전까지 갱신거절 등 통지를 하지 아니한 경우	① 임대인: 임차인에게 기간만료 <u>6개월 전~1개월 전까지</u> 갱신거절 등 통지를 하지 아니한 경우 ② 임차인 관련 법정갱신 규정은 없다.
	※ 법정갱신된 임대차: 전 임대차와 동일한 조건으로 다시 계약한 것으로 보며, 갱신기간은 주택은 <u>2년</u>, 상가는 <u>1년</u>으로 간주한다. ※ 법정갱신이 되어도 임차인이 계약해지 통고 → <u>3개월 경과 시 효력이 발생한다.</u>	
계약갱신 요구권	주택임차인의 계약갱신요구권 ○ ① 임차인: 임대인에게 기간만료 <u>6개월 전~2개월 전</u>에 계약갱신의 요구가 가능하다. ② 임차인이 2기의 차임액에 해당하는 금액에 이르도록 차임을 연체한 사실이 있는 경우, 임대인(직계존속, 직계비속 포함)이 목적 주택에 실제 거주하려는 경우 거절할 수 있다. ③ 갱신기간: <u>1회에 한하여</u> 행사할 수 있으며, 존속기간은 2년이다. ④ 갱신되는 임대차: 증액의 청구는 약정한 차임이나 보증금의 20분의 1의 금액을 초과하지 못한다.	상가임차인의 계약갱신요구권 ○ ① 임차인: 임대인에게 기간만료 <u>6개월 전~1개월 전</u>에 계약갱신의 요구가 가능하다. ② 임차인이 3기의 차임액에 해당하는 금액에 이르도록 차임을 연체한 사실이 있는 경우 등에 해당하면 임대인은 임차인의 계약갱신 요구를 거절할 수 있다. ③ 갱신기간: <u>최초의 임대차를 포함하여 10년</u>을 초과할 수 없다. ④ 갱신되는 임대차: 전 임대차와 동일조건으로 재계약 간주, 차임·보증금은 100분의 5 이내에서 증액이 가능하다.
	※ 계약이 갱신되는 경우 「주택임대차보호법」의 임차인은 존속기간 2년의 규정에도 불구하고 임차인은 언제든지 임대인에게 계약해지를 통지할 수 있다. 이 경우 임대차의 해지는 임대인이 그 통지를 받은 날부터 <u>3개월</u>이 지나면 효력이 발생한다. 하지만 「상가건물 임대차보호법」에서는 동규정이 없다.	
대항력	대항요건: 주택인도 + 전입신고 → 그 다음 날 대항력 발생	대항요건: 상가인도 + 사업자등록신청 → 그 다음 날 대항력 발생 ※ 상가건물의 일부를 임대차한 경우, 사업자등록 신청 시 임차부분을 표시한 도면을 첨부하여야 한다.

우선 변제권	① 취득방법: 대항력 + 확정일자 　→ 우선변제권 발생	① 취득방법: 대항력 + 확정일자 　→ 우선변제권 발생
	② 효력: 경매 및 공매 시 경락대금을 배당할 때 임차인은 보증금 전액에 대하여 후순위권리자 기타 채권자보다 우선하여 변제받을 권리가 있다. ③ 우선변제권의 행사요건: 배당요구 및 건물 인도	
임차권 성격	① 임차권은 채권이므로 임차인은 경매신청권이 없다. ② 임차인은 경매신청 시 집행권원이 필요하다. 단, 경매신청 시 반대의무의 이행을 집행개시 요건으로 하지 아니한다.	
임차권 등기명령	① 신청사유: 임대차종료 후 보증금을 반환받지 못한 경우 ② 관할: 임차건물의 소재지 관할 법원 ③ 임차권등기명령신청 기각: 임차인은 항고 가능하다. ④ 신청비용: 임차인은 임대인에게 청구 가능하다. ⑤ 임차권등기명령에 따른 임차권등기가 경료된 경우 그 효과 　㉠ 임차인은 대항력 및 우선변제권 취득(이미 취득한 대항력, 우선변제권은 계속 유지됨) 　㉡ 임차인이 대항요건을 상실하더라도 종전에 취득한 대항력과 우선변제권은 상실하지 아니한다. ※ 임차권등기명령에 의한 임차권등기가 경료된 주택·상가에 새로 임차한 임차인은 보증금 중 일정액을 우선변제받을 권리가 없으나 확정일자인에 의한 우선변제권은 인정된다.	
임차권 승계	사실혼 배우자의 임차권승계 ○ ① 임차인 사망 시 2촌 이내의 상속권자가 없는 경우: 사실혼 배우자가 단독승계 ② 2촌 이내의 상속권자가 있는 경우 　㉠ 상속권자가 가정공동생활을 하는 경우: 상속권자가 단독승계 　㉡ 상속권자가 가정공동생활을 하지 않는 경우: 사실혼 배우자와 2촌 이내의 상속권자가 공동승계 ※ 사실혼 배우자는 임차인 사망 후 1개월 이내에 임차권 승계의 포기가 가능하다.	사실혼 배우자의 임차권승계 규정 ×
증감청구	증액제한: 20분의 1을 초과할 수 없다.	증액제한: 100분의 5를 초과할 수 없다.
	※ 임대차계약체결 후 1년 이내 및 증액 후 1년 이내에는 증액할 수 없다. ※ 주택임대차기간 만료 전 또는 기간 만료 후 합의로 재계약하는 경우: 증액제한이 없다.	
차임전환	연 1할과 기준금리에 2%를 더한 비율 중 낮은 비율을 초과할 수 없다.	연 1할 2푼과 기준금리에 4.5배를 곱한 비율 중 낮은 비율을 초과할 수 없다.
자료 등 제공요청	주택임대차 이해관계인 등이 확정일자부여기관에 정보제공 요청 → 정당한 이유 없이 거절할 수 없다.	상가임대차에 이해관계가 있는 자는 세무서장에게 임대차 관련 자료·현황서 제공 등 요청 가능 → 정당한 이유 없이 거절할 수 없다.
전대차	규정 ×	계약갱신요구권, 차임 등의 증감청구권, 월차임 전환 시 산정률제한 규정은 전대차관계에 적용한다.

2. 권리금 관련 내용(상가건물 임대차보호법)

구분	내용
권리금계약	신규임차인이 되려는 자가 임차인에게 권리금을 지급하기로 하는 계약을 말한다.

권리금 보호규정	임대인은 임대차기간이 끝나기 6개월 전부터 임대차 종료 시까지 다음의 어느 하나에 해당하는 행위를 함으로써 권리금 계약에 따라 임차인이 주선한 신규임차인이 되려는 자로부터 권리금을 지급받는 것을 방해하여서는 아니 된다.
	① 임차인이 주선한 신규임차인이 되려는 자에게 권리금을 요구하거나 임차인이 주선한 신규임차인이 되려는 자로부터 권리금을 수수하는 행위
	② 임차인이 주선한 신규임차인이 되려는 자로 하여금 임차인에게 권리금을 지급하지 못하게 하는 행위
	③ 임차인이 주선한 신규임차인이 되려는 자에게 상가건물에 관한 조세, 공과금, 주변 상가건물의 차임 및 보증금, 그 밖의 부담에 따른 금액에 비추어 현저히 고액의 차임과 보증금을 요구하는 행위
	④ 그 밖에 정당한 사유 없이 임대인이, 임차인이 주선한 신규임차인이 되려는 자와 임대차계약의 체결을 거절하는 행위
	※ 다음의 경우는 제외한다.
	  1. 임차인이 주선한 신규임차인이 되려는 자가 보증금 또는 차임을 지급할 자력이 없는 경우
	  2. 임차인이 주선한 신규임차인이 되려는 자가 임차인으로서의 의무를 위반할 우려가 있거나 그 밖에 임대차를 유지하기 어려운 상당한 사유가 있는 경우
	  3. 임대차 목적물인 상가건물을 1년 6개월 이상 영리목적으로 사용하지 아니한 경우
	  4. 임대인이 선택한 신규임차인이 임차인과 권리금 계약을 체결하고 그 권리금을 지급한 경우

세부사항	① 임대인이 권리금규정을 위반하여 임차인에게 손해를 발생하게 한 때에는 그 손해를 배상할 책임이 있다. 이 경우 그 손해배상액은 신규임차인이 임차인에게 지급하기로 한 권리금과 임대차 종료 당시의 권리금 중 낮은 금액을 넘지 못한다. ② 임대인에게 손해배상을 청구할 권리는 임대차가 종료한 날부터 3년 이내에 행사하지 아니하면 시효의 완성으로 소멸한다. ③ 임차인은 임대인에게 임차인이 주선한 신규임차인이 되려는 자의 보증금 및 차임을 지급할 자력 또는 그 밖에 임차인으로서의 의무를 이행할 의사 및 능력에 관하여 자신이 알고 있는 정보를 제공하여야 한다.
권리금 적용 제외	① 임대차 목적물인 상가건물이 「유통산업발전법」 제2조에 따른 대규모점포 또는 준대규모점포의 일부인 경우 ② 임대차 목적물인 상가건물이 「국유재산법」에 따른 국유재산 또는 「공유재산 및 물품 관리법」에 따른 공유재산인 경우
기타 내용	① 표준권리금계약서의 작성: 국토교통부장관은 임차인과 신규임차인이 되려는 자가 권리금 계약을 체결하기 위한 표준권리금계약서를 정하여 그 사용을 권장할 수 있다. ② 권리금 평가기준의 고시: 국토교통부장관은 권리금에 대한 감정평가의 절차와 방법 등에 관한 기준을 고시할 수 있다. ③ 차임연체와 해지: 임차인의 차임연체액이 3기의 차임액에 달하는 때에는 임대인은 계약을 해지할 수 있다.

POINT 49 민사집행법(경매)

필살키 092~096

1. 경매절차 → 「민사집행법」

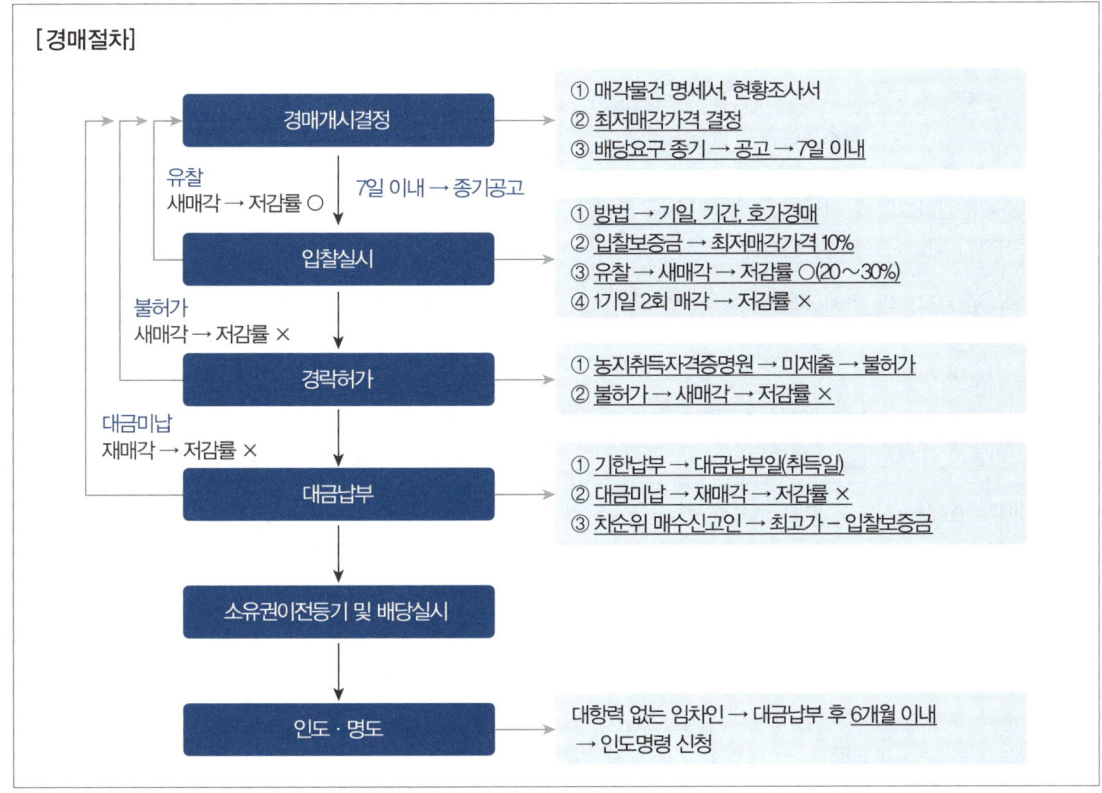

+PLUS 배당요구 여부에 따른 배당 유무

배당요구 ○ → 배당 ○	배당요구 × → 배당 ○
① 집행권원(집행력 있는 정본)에 기한 채권자 ② 우선변제 또는 최우선변제청구권이 있지만 등기하지 아니한 임차권자 ③ 경매개시결정등기 후에 가압류한 채권자	① 경매신청 채권자 ② 경매개시결정등기 전에 등기한 권리자로서 매각으로 인하여 소멸되는 권리자(저당권, 근저당권, 전세권 등 담보권자 및 등기된 임차권자 등) ③ 경매개시결정등기 전에 가압류한 채권자 ④ 체납처분에 의한 압류등기권자

2. 권리분석 – 소멸주의와 인수주의 비교

소멸주의	인수주의
저당권·근저당·압류·가압류·담보가등기 └ 말소기준권리(항상 소멸)	유치권·법정지상권·분묘기지권 └ 항상 인수(단, 경매개시결정등기 후의 유치권은 소멸)
말소기준권리보다 앞서 설정된 전세권 중 배당요구의 종기까지 배당요구를 한 전세권	보증금이 전액 변제되지 아니한 대항력 있는 임차인은 인수됨
말소기준권리보다 뒤에 설정된 용익물권 등 ① 지상권 ② 임차권 ③ 주택의 인도 + 전입신고한 주택임차권 ④ 가등기, 가처분등기, 환매등기	말소기준권리보다 앞서 설정된 용익물권 등 ① 지상권 ② 임차권 ③ 주택의 인도 + 전입신고한 주택임차권 ④ 가등기, 가처분등기, 환매등기
경매개시결정등기보다 늦게 경료된 위의 용익물권 등 ① 지상권 ② 임차권 ③ 주택의 인도 + 전입신고한 주택임차권 ④ 가등기, 가처분등기, 환매등기	경매개시결정등기보다 앞선 용익물권 등(단, 그보다 앞선 담보물권이 없어야 함) ① 지상권 ② 임차권 ③ 주택의 인도 + 전입신고한 주택임차권 ④ 가등기, 가처분등기, 환매등기
A [B(전세권)] 甲 1억원 → 1억원(낙찰) ┌ 1. 저당권 8천만원 → 기준 → 8천만원 └ 2. 전세권 5천만원 → 뒤 → 2천만원 ↓ 소멸 　　　　　　　　　　　－3천만원	A [B(전세권)] 甲 1억원 → 5천만원(낙찰) ┌ 1. 전세권 5천만원 → 앞 → 인수 → 배당 × │　(나갈 때 5천만원) └ 2. 저당권 8천만원 → 기준 → 5천만원

POINT 50 매수신청대리인 등록의 규칙 및 예규

필살키 097~099

구분	중개사무소 개설등록	매수신청대리인 등록
등록신청자	① 공인중개사 ② 법인 ※ 소속공인중개사, 개업공인중개사: 등록신청 불가	① 공인중개사인 개업공인중개사 ② 법인인 개업공인중개사 ※ 법 부칙 제6조 제2항에 규정된 개업공인중개사, 소속공인중개사, 일반공인중개사: 등록 불가
등록관청	중개사무소 관할 시장·군수·구청장	중개사무소 관할 지방법원장
등록제한	등록 등 결격사유자 (금고 이상 실형: 3년)	① 매수신청대리인 등록취소 후 3년 미경과자 ② 경매 관련 유죄선고 후 2년 미경과자 등

등록신청 전 조치사항	① 중개 관련 실무교육 이수(시·도지사가 실시)
	※ 법인은 대표자, 임원·사원 전원
	② 중개사무소 건물확보
	※ 업무보증은 등록 후 업무개시 전에 설정
		① 경매 관련 실무교육 이수
		  ㉠ 법원행정처장이 지정하는 교육기관에서 이수
		  ㉡ 법인은 대표자가 이수
		② 경매 관련 최소업무보증설정
		  ㉠ 공인중개사인 개업공인중개사: 2억원
		  ㉡ 법인인 개업공인중개사: 4억원(분사무소는 2억원)
		※ 공탁금회수제한: 사망·해산, 폐업 후 3년

등록처분	① 등록신청 후 7일 이내 등록통지 ② 등록 후 업무보증설정신고 → 중개사무소등록증 교부 ※ 공탁금회수제한: 사망, 폐업 후 3년	등록신청 후 14일 이내 등록통지 및 매수신청대리인등록증 교부
취급물건	① 토지 ② 건축물 그 밖의 토지의 정착물 ③ 입목 ④ 광업재단 및 공장재단	좌동(전국법원의 법정 중개대상물)
업무범위	중개업무	대리업무범위 ① 매수신청 및 보증의 제공 ② 입찰표의 작성 및 제출 ③ 차순위매수신고 ④ 매수신청보증금의 반환신청 ⑤ 공유자 우선매수신고 ⑥ 임차인의 임대주택의 우선매수신고 ⑦ 차순위매수신고인의 지위포기 ※ 매각기일 변경신청, 항고제기, 잔금납부, 인도명령, 명도소송은 대리할 수 없다.

확인·설명할 사항	① 중개대상물의 기본적인 사항 ② 벽면·바닥면 및 도배 상태 ③ 입지조건 및 환경조건 ④ 권리관계 ⑤ 토지이용계획, 공법상 거래규제 및 이용제한에 관한 사항 ⑥ 거래예정금액 ⑦ 중개보수 및 실비의 금액과 그 산출내역 ⑧ 권리를 취득함에 따라 부담하여야 할 조세의 종류 및 세율 ⑨ 관리비 금액과 그 산출내역 ⑩ 「주택임대차보호법」 제3조의7에 따른 임대인의 정보제시의무 및 같은 법 제8조에 따른 보증금 중 일정액의 보호에 관한 사항 ⑪ 「주민등록법」 제29조의2에 따른 전입세대 확인서의 열람 또는 교부에 관한 사항 ⑫ 「민간임대주택에 관한 특별법」 제49조에 따른 임대보증금에 대한 보증에 관한 사항(중개대상물인 주택이 같은 법에 따른 민간임대주택인 경우만 해당한다) ※ 다만, ⑨~⑫는 주택임대차 중개의 경우에만 적용한다.	① 위임계약체결 전에 설명할 사항: 매수신청대리 중개보수 ② 위임을 받은 후에 설명할 사항: 매수신청대리 대상물의 표시, 권리관계, 제한사항, 경제적 가치, 부담 및 인수할 권리
확인·설명서	① 중개가 완성된 때 작성 ② 3년 보존	① 위임계약을 체결한 때 작성 ② 5년 보존(사건카드에 철하여 함께 보존)
업무정지 처분	6개월 범위 내 ※ 업무정지사실 표시의무 ×	1개월 이상 2년 이하 범위 내 ※ 개업공인중개사는 매수신청대리인 등록이 취소된 때에는 사무실 내·외부에 매수신청대리 업무에 관한 표시 등을 제거하여야 하며, 업무정지처분을 받은 때에는 업무정지사실을 해당 중개사사무소의 출입문에 표시하여야 한다.
금지행위	① 중개대상물 매매를 업 ② 무등록중개업자로부터 의뢰받거나 명의대여 ③ 초과보수 ④ 거짓된 언행 ⑤ 증서의 중개, 매매를 업 ⑥ 직접거래, 쌍방대리 ⑦ 투기조장행위 ⑧ 중개대상물의 시세에 부당한 영향을 주거나 줄 우려가 있는 행위 ⑨ 단체를 구성하여 특정 중개대상물에 대하여 중개를 제한하거나 공동중개를 제한하는 행위 ⑩ 특정 개업공인중개사 등에 대한 중개의뢰를 제한하거나 제한을 유도하는 행위	① 이중으로 매수신청대리인 등록신청을 하는 행위 ② 매수신청대리인이 된 사건에 있어서 매수신청인으로서 직접 매수신청을 하는 행위 ③ 동일부동산에 대하여 이해관계가 다른 2인 이상의 대리인이 되는 행위 ④ 명의, 등록증을 양도 또는 대여하는 행위 ⑤ 다른 개업공인중개사의 명의를 사용하는 행위 ⑥ 경매·입찰방해죄에 해당하는 행위 ⑦ 사건카드 또는 확인·설명서에 허위기재, 필수적 기재사항을 누락하는 행위 ⑧ 그 밖에 다른 법령에 따라 금지되는 행위

⑪ 특정 개업공인중개사 등에게만 중개의뢰를 하도록 유도하는 행위
⑫ 특정 가격 이하로 중개를 의뢰하지 아니하도록 유도하는 행위
⑬ 정당한 표시·광고행위를 방해하는 행위
⑭ 중개대상물을 시세보다 현저하게 높게 표시·광고하도록 강요하는 행위

POINT 51 집합건물의 소유 및 관리에 관한 법률

필살키 100

구분	내용
전유부분과 공용부분	① 공용부분은 공유자 전원의 공유에 속한다. ② 각 공유자의 지분은 그가 가지는 전유부분의 면적의 비율에 의한다. ③ 공유자의 공용부분에 대한 지분은 그가 가지는 전유부분의 처분에 따른다. ④ 공유자는 그가 가지는 전유부분과 분리하여 공용부분에 대한 지분을 처분할 수 없다. ⑤ 공용부분에 대한 물권의 득실변경은 등기를 요하지 아니한다. ⑥ 공용부분의 변경에 관한 사항은 관리단 집회에서 구분소유자의 3분의 2 이상 및 의결권의 3분의 2 이상의 결의로써 결정한다. 다만, 건물의 노후화 억제 또는 기능 향상 등을 위한 것으로 구분소유권 및 대지사용권에 변동을 일으키는 사항은 구분소유자의 5분의 4 이상 및 의결권의 5분의 4 이상의 결의가 필요하다. ※「관광진흥법」에 따른 휴양 콘도미니엄업의 운영을 위한 휴양 콘도미니엄의 권리변동 있는 공용부분 변경에 관한 사항은 구분소유자의 3분의 2 이상 및 의결권의 3분의 2 이상의 결의로써 결정한다. ⑦ 공용부분의 각 공유자는 공용부분을 그 용도에 따라 사용할 수 있다. → 구분소유자 중 일부가 정당한 권원 없이 공용부분을 배타적으로 사용한 경우, 다른 구분소유자들에게 부당이득반환의무를 부담한다(판례). ⑧ 공용부분에 대한 공유물 분할청구는 허용되지 않는다. ⑨ 전유부분이 속하는 1동의 건물의 설치 또는 보존의 흠으로 인하여 타인에게 손해를 가한 때에는 그 흠은 공용부분에 존재하는 것으로 추정한다. ⑩ 공유자가 공용부분에 관하여 다른 공유자에 대하여 가지는 채권은 그 특별승계인에 대하여도 행사할 수 있다.
대지사용권	① 대지사용권이란 건물의 구분소유자가 전유부분을 소유하기 위하여 전유부분이 속하는 건물이 소재하는 토지 등에 대하여 가지는 권리를 말한다. ② 구분소유자의 대지사용권은 그가 가지는 전유부분의 처분에 따른다. ③ 구분소유자는 규약으로 달리 정한 때를 제외하고 그가 가지는 전유부분과 분리하여 대지사용권을 처분할 수 없다. ④ 대지 위에 구분소유권의 목적인 건물이 속하는 1동의 건물이 있는 때에는 그 대지의 공유자는 그 건물의 사용에 필요한 범위 내의 대지에 대하여는 분할을 청구하지 못한다. ⑤ 구분건물의 전유부분에 관하여 설정된 저당권의 효력은 대지사용권의 분리처분이 가능하도록 규약으로 정하는 등의 특별한 사정이 없는 한 그 대지사용권에까지 미치고, 여기서 대지사용권에는 지상권 등 용익권 이외에 대지소유권도 포함된다.

마무리 100선

PART 01 공인중개사법 총칙

필살카 p.10   합격서 pp.10~13

필살카 001 용어의 정의

공인중개사법령상의 설명으로 옳은 것은 모두 몇 개인가?

> ㉠ 중개행위에 해당하는지 여부는 개업공인중개사의 행위를 객관적으로 보아 판단할 것이 아니라 개업공인중개사의 주관적 의사를 기준으로 판단해야 한다.
> ㉡ 무등록중개업자에게 중개를 의뢰한 거래당사자는 무등록중개업자와 중개행위에 대하여 무등록중개업자와 공동정범으로 처벌된다.
> ㉢ 소속공인중개사에는 개업공인중개사인 법인의 사원 또는 임원으로서 중개업무를 수행하는 공인중개사인 자가 포함된다.
> ㉣ 부동산컨설팅에 부수하여 반복적으로 이루어진 부동산중개행위는 중개업에 해당하지 않는다.
> ㉤ 중개사무소의 개설등록을 하지 아니한 자가 다른 사람의 의뢰에 의하여 건물의 매매를 알선하면서 중개보수를 받기로 약정하였거나 단순히 보수를 요구한 경우에도 중개업에 해당한다.

① 없음
② 1개
③ 2개
④ 3개
⑤ 4개

해설

옳은 것은 ㉢으로 1개이다.
㉠ 개업공인중개사의 <u>객관적 의사</u>를 기준으로 판단해야 한다.
㉡ 무등록중개업자와 공동정범으로 <u>처벌되지 않는다</u>.
㉣ 중개업에 <u>해당한다</u>.
㉤ 중개업에 <u>해당하지 않는다</u>.

정답 ②

필살키 002　중개대상물(1)

중개대상물 중에서 준부동산으로 분류된 입목, 공장재단 및 광업재단에 관한 설명으로 옳은 것은 모두 몇 개인가?

> ㉠ 소유권보존등기를 받을 수 있는 수목의 집단은 입목등록원부에 등록된 것에 한정한다.
> ㉡ 입목의 지반인 토지에 관한 소유권 또는 지상권의 처분은 입목에 영향을 미치지 못한다.
> ㉢ 입목을 목적으로 하는 저당권의 효력은 입목을 베어낸 경우 그 토지로부터 분리된 수목에 대하여 미치지 않는다.
> ㉣ 공장 및 광업재단은 저당권자의 동의가 있는 경우에 임차권의 목적이 될 수 있다.
> ㉤ 공장 및 광업재단은 소유권보존등기 후 10개월 내에 저당권설정등기를 하지 않으면 재단등기의 효력은 소멸한다.

① 1개　　② 2개
③ 3개　　④ 4개
⑤ 5개

해설
옳은 것은 ㉠㉡㉣㉤으로 4개이다.
㉢ 입목을 목적으로 하는 저당권의 효력은 입목을 베어낸 경우 그 토지로부터 분리된 수목에 대하여 <u>미친다</u>.

정답 ④

필살키 003　중개대상물(2)

공인중개사법령상 중개대상물의 범위에 속하지 <u>않는</u> 것은 모두 몇 개인가?

> ㉠ 거래처, 신용, 영업상의 노하우 또는 점포 위치에 따른 영업상의 이점 등 무형의 재산적 가치
> ㉡ 지목이 잡종지인 토지
> ㉢ 미채굴광물, 온천수
> ㉣ 아파트 전체의 건축이 완료됨으로써 분양 목적물로의 현실적인 제공 또는 가능한 상태의 입주권
> ㉤ 콘크리트 지반 위에 볼트조립방식으로 철제파이프 기둥을 세우고 3면에 천막을 설치하여 주벽이라고 할 만한 것이 없는 세차장구조물
> ㉥ 금전채권, 어업재단
> ㉦ 피분양자가 선정된 장차 건축될 특정의 건물
> ㉧ 특허권, 저작권 등의 무체재산권
> ㉨ 주택이 철거될 경우 일정한 요건 하에 택지개발지구 내 이주자 택지를 공급받을 지위인 대토권
> ㉩ 토지거래허가구역 내 토지

① 4개　　② 5개
③ 6개　　④ 7개
⑤ 8개

해설
㉠㉢㉤㉥㉧㉨ 중개대상물의 범위에 해당하지 않는다.

정답 ③

PART 02 공인중개사 제도

필살키 004 공인중개사 시험제도

필살키 p.11 합격서 pp.15~19

공인중개사법령상 공인중개사 자격시험에 관한 설명으로 틀린 것은 모두 몇 개인가?

㉠ 시험시행기관장은 부정행위를 한 자에 대하여 무효처분을 하고 7일 이내에 이를 다른 시험시행기관장에게 통보하여야 한다.
㉡ 국토교통부장관이 시행하는 시험에 응시하고자 하는 자는 지방자치단체의 조례가 정하는 바에 따라 수수료를 납부하여야 한다.
㉢ 국토교통부장관이 공인중개사시험을 시행하는 경우 합격자 결정·공고 및 자격증 교부는 국토교통부장관이 한다.
㉣ 시험시행기관장은 합격자가 결정된 경우 이를 공고하여야 하며, 합격자가 결정공고된 날부터 1개월 이내에 자격증을 교부하여야 한다.
㉤ 위원장은 심의위원회의 회의를 소집하려면 회의 개최 7일 전까지 회의의 일시, 장소 및 안건을 각 위원에게 통보하여야 한다.

① 1개   ② 2개
③ 3개   ④ 4개
⑤ 5개

해설
틀린 것은 ㉠㉡㉢㉣로 4개이다.
㉠ 7일 이내 → 지체 없이
㉡ 지방자치단체의 조례가 정하는 → 국토교통부장관이 결정·공고하는
㉢㉣ 자격증 교부는 시·도지사가 한다.

정답 ④

필살키 005 정책심의위원회

필살키 pp.12~13 합격서 pp.16~17

공인중개사 정책심의위원회에 관한 설명으로 틀린 것은?

① 위원장이 부득이한 사유로 직무를 수행할 수 없을 때에는 부위원장이 그 직무를 대행한다.
② 정책심의위원회 위원장은 국토교통부 제1차관이 되고, 위원은 국토교통부장관이 임명하거나 위촉한다.
③ 간사는 정책심의위원회의 위원장이 국토교통부소속 공무원 중에서 지명한다.
④ 공인중개사 정책심의위원회는 위원장 1명을 포함하여 7명 이상 11명 이내의 위원으로 구성한다.
⑤ 정책심의위원회에서 공인중개사의 시험 등 공인중개사의 자격취득에 관한 사항을 심의한 경우 시·도지사는 이에 따라야 한다.

해설
위원장이 부득이한 사유로 직무를 수행할 수 없을 때에는 위원장이 미리 지명한 위원이 그 직무를 대행한다.

정답 ①

PART 03 중개업등록 및 결격사유

필살키 006 중개업등록기준 및 등록절차(1)

현행 공인중개사법령상 중개사무소 개설등록 절차 등에 관한 설명으로 옳은 것은?

① 다른 법률의 규정에 의하여 중개업을 할 수 있는 법인의 경우에도 공인중개사법령상의 등록기준을 갖추어 중개사무소의 개설등록을 하여야 한다.
② 등록관청은 중개사무소의 개설등록을 한 자에 대하여 7일 이내에 중개사무소의 등록증을 교부하여야 한다.
③ 등록관청은 다음 달 10일까지 등록증 재교부사항, 중개사무소이전 신고사항, 고용 및 고용관계종료 신고사항 등을 공인중개사협회에 통보하여야 한다.
④ 인장등록 및 손해배상책임을 보장하기 위한 업무보증의 설정신고는 중개사무소의 개설등록을 신청하는 때에 같이할 수 있다.
⑤ 공인중개사인 개업공인중개사가 법인인 개업공인중개사로 업무를 하고자 개설등록신청서를 다시 제출하는 경우 종전의 등록증은 이를 반납하여야 한다.

해설
① 등록기준을 갖출 필요 없다.
② 7일 이내 → 지체 없이
③ 등록증 재교부사항 → 등록증 교부사항
④ 손해배상책임을 보장하기 위한 업무보증의 설정신고는 통지에서 교부 사이에 한다.

정답 ⑤

필살키 007 중개업등록기준 및 등록절차(2)

공인중개사법령상 중개사무소의 개설등록에 관한 설명으로 틀린 것은?

① 중개사무소의 개설등록을 한 개업공인중개사가 종별을 달리하여 업무를 하고자 등록신청서를 다시 제출하는 경우, 종전의 등록증은 반납하여야 한다.
② 법인이 개설등록을 하려면 대표자를 포함한 임원 또는 사원(합명회사 또는 합자회사의 무한책임사원)의 3분의 1 이상이 공인중개사이어야 한다.
③ 공인중개사(소속공인중개사 제외) 또는 법인이 아닌 자는 중개사무소의 개설등록을 신청할 수 없다.
④ 건축물대장(가설건축물대장 제외)에 기재된 중개사무소를 확보하여야 한다.
⑤ 「상법」상 회사 또는 「협동조합 기본법」에 따른 협동조합(사회적 협동조합 제외)으로서 자본금이 5천만원 이상이어야 한다.

해설
법인이 개설등록을 하려면 대표자를 제외한 임원 또는 사원(합명회사 또는 합자회사의 무한책임사원)의 3분의 1 이상이 공인중개사이어야 한다.

정답 ②

필살키 008 결격사유(1)

공인중개사법령상 결격사유에 관한 설명으로 틀린 것은?

① 2025년 5월 19일에 징역 1년에 집행유예 2년 판결을 확정받은 자가 그를 이유로 동년 6월 19일에 등록이 취소된 경우, 2028년 6월 19일 이후에는 결격사유에서 벗어난다.
② 이 법을 위반하여 2025년 5월 19일 벌금 300만원을 선고받은 자는 2028년 5월 19일부터 결격사유에서 벗어난다.
③ 2006년 4월 9일 오후 5시에 출생한 자는 2025년 4월 9일 0시부터 결격사유를 벗어난다.
④ 이 법에 의하여 2025년 5월 19일 중개사무소 개설등록 취소를 받은 자는 2028년 5월 19일 이후에는 결격사유에서 벗어난다.
⑤ 2025년 5월 27일에 금고 1년의 선고유예를 받은 자는 결격사유에 해당하지 않으므로 즉시 결격사유를 벗어난다.

해설
2025년 5월 19일에 징역 1년에 집행유예 2년 판결을 확정받은 자가 그를 이유로 동년 6월 19일에 등록이 취소된 경우, <u>2029년 5월 19일 이후에는 결격사유에서 벗어난다.</u>

정답 ①

필살키 009 결격사유(2)

「공인중개사법」 제10조 규정에 의한 결격사유 등에 해당하는 다음의 경우 중 등록취소 사유에 해당하지 않는 것은?

① 이 법을 위반하여 공인중개사의 자격이 정지된 자로서 자격정지기간 중에 있는 자
② 이 법을 위반하여 공인중개사의 자격이 취소된 자
③ 금고 이상의 형의 집행유예를 받고 그 유예기간이 만료된 날부터 2년이 지나지 아니한 자
④ 파산선고를 받고 복권되지 아니한 자
⑤ 이 법을 위반하여 300만원 이상의 벌금형을 선고받은 자

해설
자격정지는 소속공인중개사를 대상으로 하므로 <u>등록취소사유에 해당하지 않는다.</u>

정답 ①

필살카 010 결격사유(3)

개업공인중개사가 「공인중개사법」으로 등록취소처분 후 3년이 지나지 아니한 자는 등록의 결격사유에 해당한다. 다음 중 등록취소 후 3년간 결격사유에 해당하는 것은?

① 다른 사람에게 자기의 성명 또는 상호를 사용하여 중개업무를 하게 하여 등록이 취소된 경우
② 건축물대장에 기재되지 아니한 건물로 중개사무소를 이전하여 등록이 취소된 경우
③ 개업공인중개사인 법인이 해산하여 등록취소처분을 받은 경우
④ 「공인중개사법」을 위반하여 징역 2년에 집행유예 3년을 받은 경우
⑤ 공인중개사의 자격이 정지된 자로서 자격정지 기간 중에 있는 경우

해설

② 등록기준미달: 등록취소는 되지만 등록취소일부터 3년은 적용되지 않는다.
③ 법인의 해산: 등록취소는 되지만 등록취소일부터 3년은 적용되지 않는다.
④ 집행유예 3년: 등록취소는 되지만 집행유예기간 만료 후 2년이 더 지나야 되므로 5년이 지나야 된다.
⑤ 자격정지: 소속공인중개사를 대상으로 하므로 등록이 취소되지 않는다.

정답 ①

PART 04 중개업무

필살키 011 법인의 겸업가능업무

공인중개사법령상 법인인 개업공인중개사가 할 수 있는 겸업가능한 업무에 관한 설명으로 틀린 것은?

① 일반인을 상대로 한 부동산의 개발에 관한 상담업
② 중개의뢰인의 의뢰에 따른 주거이전에 부수되는 용역의 알선
③ 주택의 임대관리 및 상업용 건축물의 임대업
④ 「국세징수법」에 의한 공매대상 부동산에 대한 입찰신청의 대리
⑤ 개업공인중개사를 대상으로 한 중개업의 경영기법 및 경영정보의 제공

해설
상업용 건축물의 임대업은 법 제14조 겸업가능한 업무에 해당하지 않는다.

정답 ③

필살키 012 고용인(1)

공인중개사법령상 고용인에 관한 설명으로 틀린 것은?

① 고용인의 업무상 과실로 발생한 손해에 대하여 개업공인중개사가 중개의뢰인에게 그 손해를 배상한 경우 개업공인중개사는 고용인에게 구상권을 행사할 수 있다.
② 개업공인중개사는 소속공인중개사를 고용한 경우, 등록관청에 신고한 후 업무개시 전까지 시·도지사가 실시하는 실무교육을 받도록 해야 한다.
③ 개업공인중개사의 고용인에 대한 고용신고는 전자문서에 의하여 가능하다.
④ 고용인이 이 법 위반행위로 행정형벌에 해당하는 경우, 그를 고용한 개업공인중개사는 벌금형에 처해질 수 있다.
⑤ 개업공인중개사는 소속공인중개사 또는 중개보조원과 고용관계가 종료된 경우, 고용관계 종료일부터 10일 이내에 등록관청에 신고하여야 한다.

해설
개업공인중개사는 소속공인중개사를 고용한 경우, 시·도지사가 시행하는 실무교육을 받도록 한 후, 업무개시 전까지 등록관청에 신고하여야 한다.

정답 ②

필살키 013 고용인(2)

개업공인중개사 甲의 중개보조원인 乙은 중개대상물의 시세에 부당한 영향을 주는 행위를 하였다. 이 경우에 甲과 乙에 대한 행정처분 및 벌칙에 관한 설명으로 옳은 것은?

① 甲은 상당한 주의를 다하지 못한 경우 3천만원 이하의 벌금형을 받을 수 있지만 형사책임으로 인하여 등록이 취소되는 일은 없으며, 乙은 3년 이하의 징역 또는 3천만원 이하의 벌금에 처해진다.
② 乙은 1년 이하의 징역 또는 1천만원 이하의 벌금에 처해지며, 甲은 1천만원 이하의 벌금에 처해지는 것 외에 형사책임으로 인하여 중개사무소의 개설등록이 취소될 수 있다.
③ 甲의 중개사무소 개설등록은 형사책임으로 인하여 당연히 취소되는 동시에 3천만원 이하의 벌금에 처해지고, 乙은 3년 이하의 징역에 처해진다.
④ 甲은 업무정지처분과 1천만원 이하의 벌금에 처해지며, 乙은 1년 이하의 징역에 처해진다.
⑤ 乙은 3년 이하의 징역 또는 3천만원 이하의 벌금에 처해지며, 甲은 형사책임으로 인하여 중개사무소 개설등록은 취소된다.

해설
양벌규정에 의하여 등록이 취소되는 일은 없다. 또한 중개대상물의 시세에 부당한 영향을 주는 행위를 한 경우 3년 이하의 징역 또는 3천만원 이하의 벌금사유에 해당한다.

정답 ①

필살키 014 분사무소 설치규정

분사무소에 관한 설명으로 틀린 것은?

① 분사무소의 설치기준은 대통령령이 정한다.
② 다른 법률의 규정에 따라 중개업을 할 수 있는 법인의 분사무소에는 공인중개사를 책임자로 두지 않아도 된다.
③ 법인인 개업공인중개사가 그 등록관청의 관할구역 외의 지역에 둘 수 있는 분사무소는 시·도별로 1개소를 초과할 수 없다.
④ 분사무소의 설치는 업무정지기간 중에 있는 다른 개업공인중개사의 중개사무소를 공동으로 사용하는 방법으로는 할 수 없다.
⑤ 분사무소 이전의 경우, 주된 사무소 등록관청은 이전 전 및 후의 관청에 지체 없이 이전사실을 통보하여야 한다.

해설
법인인 개업공인중개사가 그 등록관청의 관할구역 외의 지역에 둘 수 있는 분사무소는 시·군·구별로 1개소를 초과할 수 없다.

정답 ③

필살키 015 사무소이전

현행 공인중개사법령에서 정하고 있는 중개사무소 설치 및 이전에 관한 설명으로 틀린 것은 모두 몇 개인가?

> ㉠ 중개사무소를 관할구역 내로 이전한 경우 이전신고를 받은 등록관청은 등록증에 기재사항을 변경하여 등록증을 반드시 재교부하여야 한다.
> ㉡ 법인인 개업공인중개사가 등록관청 관할지역 외의 지역으로 중개사무소를 이전하는 경우, 중개사무소 이전신고를 받은 등록관청은 그 내용이 적합한 경우 중개사무소 등록증을 재교부하여야 한다.
> ㉢ 이전신고 시 송부서류에는 등록증, 등록신청서류, 최근 1년간 행정처분 및 행정처분절차가 진행 중인 경우 그 관련 서류 등이 포함된다.
> ㉣ 중개사무소를 공동으로 사용하려는 개업공인중개사는 중개사무소의 개설등록 또는 중개사무소의 이전신고를 하는 때에 다른 개업공인중개사의 승낙서를 첨부하여야 한다.
> ㉤ 관할구역 밖으로 분사무소이전신고를 받은 주된 사무소 관할 등록관청이 분사무소설치신고확인서를 재교부한 때에는 지체 없이 분사무소를 이전한 지역을 관할하는 시장·군수·구청장에게 관련 서류를 송부하여야 한다.

① 1개 ② 2개
③ 3개 ④ 4개
⑤ 5개

해설
틀린 것은 ㉠㉢㉤으로 3개이다.
㉠ 등록증 교부·재교부 둘 다 가능하다.
㉢ 등록증 → 등록대장
㉤ 분사무소이전의 경우 <u>서류송부 절차는 없다</u>.

정답 ③

필살키 016 간판의 자진철거사유

공인중개사법령상 개업공인중개사가 지체 없이 사무소의 간판을 철거해야 하는 사유로 틀린 것은 모두 몇 개인가?

> ㉠ 등록관청에 6개월을 초과하는 휴업신고를 한 경우
> ㉡ 등록관청에 폐업사실을 신고한 경우
> ㉢ 중개사무소의 개설등록 취소처분을 받은 경우
> ㉣ 등록관청으로부터 업무정지처분을 받은 경우
> ㉤ 등록관청에 중개사무소의 이전사실을 신고한 경우

① 1개 ② 2개
③ 3개 ④ 4개
⑤ 5개

해설
틀린 것은 ㉠㉣로 2개이다.
<u>휴업신고, 업무정지처분의 경우 간판철거사유에 해당하지 않는다</u>.

정답 ②

필살키 017 사무소명칭표시

사무소의 명칭표시의무에 관한 설명으로 틀린 것은?

① 개업공인중개사는 사무소명칭에 반드시 등록증에 표기된 개업공인중개사의 성명을 표기하여야 하며, 이를 위반한 경우 100만원 이하의 과태료에 해당한다.
② 개업공인중개사가 아닌 자가 사무소명칭에 '대박부동산중개사무소'로 표기하여 100만원의 벌금형을 받았다.
③ 공인중개사인 개업공인중개사가 사무소명칭을 '대박공인중개사사무소'로 표기한 경우 「공인중개사법」에서 규정하고 있는 사무소명칭 표시의무에 위반되는 것은 아니다.
④ 「공인중개사법」 부칙 제6조 제2항의 규정에 의한 개업공인중개사가 사무소명칭을 위 ③의 경우처럼 표기한 경우 100만원 이하의 과태료에 해당한다.
⑤ 등록관청은 사무소명칭표시의무규정을 위반한 사무소의 간판 등에 대하여 철거를 명할 수 있으며, 그 명령을 받은 자가 철거를 이행하지 아니하는 경우에는 「행정대집행법」에 의하여 대집행을 할 수 있다.

해설
개업공인중개사는 옥외광고물에 반드시 등록증에 표기된 개업공인중개사의 성명을 표기하여야 하며, 이를 위반한 경우 100만원 이하의 과태료에 해당한다.

정답 ①

필살키 018 표시·광고

개업공인중개사의 중개대상물 표시·광고, 인터넷을 이용한 표시·광고에 관한 설명으로 틀린 것은 모두 몇 개인가?

> ㉠ 중개보조원이 있는 경우 개업공인중개사의 성명과 함께 소속공인중개사, 중개보조원의 성명을 명시할 수 있다.
> ㉡ 인터넷을 이용한 중개대상물의 표시·광고 모니터링 업무 수탁기관은 기본계획서에 따라 분기별로 기본 모니터링 업무를 수행한다.
> ㉢ 중개대상물의 내용을 사실과 다르게 거짓으로 표시·광고한 자를 신고한 자는 포상금 지급대상이다.
> ㉣ 법인인 개업공인중개사가 의뢰받은 중개대상물에 대하여 법령에 따른 표시·광고를 하는 경우 대표자의 성명을 명시할 필요는 없다.
> ㉤ 개업공인중개사가 인터넷을 이용하여 표시·광고하는 때에는 명칭, 소재지, 연락처, 등록번호, 개업공인중개사의 성명 등을 명시하여야 한다.

① 1개 ② 2개
③ 3개 ④ 4개
⑤ 5개

해설
틀린 것은 ㉠㉢㉣로 3개이다.
㉠ 소속공인중개사의 성명은 명시규정이 없으며, 중개보조원에 관한 사항은 명시해서는 아니 된다.
㉢ 포상금 지급대상이 아니다.
㉣ 대표자의 성명을 명시하여야 한다.

정답 ③

필살키 019 인터넷 표시·광고 모니터링

공인중개사법령상 인터넷 표시·광고 모니터링에 관한 설명으로 **틀린** 것은?

① 국토교통부장관은 인터넷을 이용한 중개대상물에 대한 표시·광고가 중개대상물의 표시·광고의 규정을 준수하는지 여부를 모니터링할 수 있다.
② 국토교통부장관은 모니터링 업무를 공공기관, 정부출연 연구기관, 인터넷 표시·광고 모니터링 또는 인터넷 광고 시장 감시와 관련된 업무를 수행하는 법인 등에 위탁할 수 있다.
③ 모니터링 기관은 기본모니터링 업무는 매 분기의 마지막 날부터 30일 이내, 수시모니터링 업무는 해당 모니터링 업무를 완료한 날부터 10일 이내에 결과보고서를 국토교통부장관에게 제출해야 한다.
④ 국토교통부장관은 제출받은 결과보고서를 시·도지사 및 등록관청에 통보하고 필요한 조사 및 조치를 요구할 수 있다.
⑤ 시·도지사 및 등록관청은 조사 및 조치요구를 받으면 신속하게 조사 및 조치를 완료하고, 완료한 날부터 10일 이내에 그 결과를 국토교통부장관에게 통보해야 한다.

해설
수시모니터링 업무는 해당 모니터링 업무를 완료한 날부터 <u>15일</u> 이내에 결과보고서를 국토교통부장관에게 제출해야 한다.

정답 ③

필살키 020 인장등록

공인중개사법령상 인장의 등록에 관한 설명으로 옳은 것은?

① 개업공인중개사의 인장등록은 중개사무소 개설등록을 신청하는 때에, 소속공인중개사의 인장등록은 고용신고를 하는 때에 같이할 수 있다.
② 모든 개업공인중개사가 등록할 인장은 성명이 나타난 것으로서 그 크기가 가로·세로 각각 7mm 이상 30mm 이내의 것이어야 한다.
③ 분사무소에서 사용할 인장은 「상업등기규칙」에 따라 법인의 대표자가 보증하는 인장을 등록하여야 한다.
④ 법인인 개업공인중개사가 주된 사무소에서 사용할 인장을 등록하는 경우 「상업등기규칙」에 따라 신고한 법인대표자의 인장을 등록해야 한다.
⑤ 법인이 아닌 개업공인중개사 및 소속공인중개사의 인장등록 및 변경등록은 인감증명서를 등록관청에 제출하는 것으로 갈음한다.

해설
② 모든 개업공인중개사 → 공인중개사인 개업공인중개사, 법 부칙 제6조 제2항에 규정된 개업공인중개사 및 소속공인중개사
③ 인장을 <u>등록할 수 있다.</u>
④ 법인대표자의 인장 → 법인의 인장
⑤ 법인이 아닌 개업공인중개사 및 소속공인중개사 → 법인인 개업공인중개사

정답 ①

필살키 021 휴업 및 폐업

개업공인중개사의 휴업 및 폐업에 관한 설명으로 틀린 것은?

① 개업공인중개사가 등록관청에 폐업사실을 신고한 경우에는 지체 없이 사무소의 간판을 철거하여야 한다.
② 휴업(폐업)신고를 하려는 자가 「부가가치세법」에 따른 신고를 같이하려는 경우에는 「부가가치세법」상 휴업(폐업)신고서를 함께 제출하여야 한다. 이 경우 등록관청은 제출받은 신고서를 지체 없이 관할 세무서장에게 송부해야 한다.
③ 개업공인중개사가 휴업을 하는 경우, 임신 또는 출산 등 대통령령으로 정하는 부득이한 사유가 있는 경우를 제외하고는 3개월을 초과할 수 없다.
④ 등록관청은 휴업 및 폐업신고를 받은 경우 그 사실을 월별로 모아 다음 달 10일까지 공인중개사협회에 통보하여야 한다.
⑤ 휴업이나 폐업신고의 경우에는 전자문서에 의하여 불가능하지만, 변경신고나 재개신고의 경우에는 전자문서에 의하여 가능하다.

해설
개업공인중개사가 휴업을 하는 경우, 임신 또는 출산 등 대통령령으로 정하는 부득이한 사유가 있는 경우를 제외하고는 6개월을 초과할 수 없다.

정답 ③

PART 05 중개계약 및 부동산거래정보망

필살카 022 전속중개계약(1)

「공인중개사법 시행규칙」에서 정하고 있는 별지 제15호 서식인 전속중개계약서에 대한 설명으로 틀린 것은?

① 유효기간은 3개월을 원칙으로 하되, 중개의뢰인과 개업공인중개사가 별도로 정한 경우에는 그 기간에 따른다.
② 개업공인중개사가 중개보수 또는 실비를 과다 수령한 경우 차액을 환급하여야 하는 내용을 규정하고 있다.
③ 개업공인중개사와 중개의뢰인이 작성한 전속중개계약서에 서명 및 날인을 하도록 규정하고 있다.
④ 권리이전용(매도·임대 등)란에는 소유자 및 등기명의인, 거래규제 및 공법상 제한사항, 중개의뢰금액 등이 기재된다.
⑤ 권리취득용(매수·임차 등)란에는 희망물건의 종류, 취득 희망가격, 희망지역 등이 기재된다.

해설
개업공인중개사와 중개의뢰인이 작성한 전속중개계약서에 서명 또는 인을 하도록 규정하고 있다.

정답 ③

필살카 023 전속중개계약(2)

다음 중 전속중개계약을 체결한 경우에 개업공인중개사가 공개하여야 하는 내용과 계약 체결 시 개업공인중개사가 확인·설명하여야 하는 내용에 둘 다 해당하는 것을 모두 고른 것은?

㉠ 공법상의 이용제한 및 거래규제
㉡ 중개대상물에 대한 기본적인 사항
㉢ 중개대상물에 대한 권리관계
㉣ 벽면·바닥면 및 도배의 상태
㉤ 입지조건, 환경조건
㉥ 토지이용계획
㉦ 공시지가
㉧ 관리비 금액과 그 산출내역
㉨ 오수·폐수·쓰레기처리시설 등의 상태

① ㉠, ㉡, ㉢, ㉧
② ㉠, ㉡, ㉢, ㉤
③ ㉠, ㉡, ㉢, ㉤, ㉨
④ ㉠, ㉢, ㉣, ㉥, ㉧
⑤ ㉠, ㉤, ㉦, ㉧, ㉨

해설
㉣ 바닥면: 확인·설명사항
㉥ 토지이용계획: 확인·설명사항
㉦ 공시지가: 전속중개계약체결 시 공개사항
㉧ 관리비 금액과 그 산출내역: 확인·설명사항
㉨ 오수·폐수·쓰레기처리시설 등의 상태: 전속중개계약체결 시 공개사항

정답 ②

필살키 024 전속중개계약(3)

서울특별시 강남구에 사무소를 둔 공인중개사인 개업공인중개사 甲은 매도중개의뢰인이자 소유자인 乙과 강남구 역삼동 소재 아파트에 대한 매도전속중개계약을 2025년 10월 1일 체결하였다. 다음의 내용 중 개업공인중개사 甲의 의무로서 틀린 것은?

① 2025년 10월 3일 부동산거래정보망에 중개대상물에 관한 정보를 공개하였다.
② 부동산거래정보망에 권리관계 등을 공개한 후 2025년 10월 5일 공개한 내용을 문서로서 乙에게 통지하였다.
③ 거래예정금액에 관하여는 거래정보망에 공개하였지만 중개보수 및 실비금액과 그 산출내역은 공개하지 않았다.
④ 2025년 10월 20일 업무처리상황을 보고서로 작성하여 乙에게 문서로 보고하였다.
⑤ 유효기간 중 乙이 스스로 발견한 상대방과 매매계약을 체결한 경우 개업공인중개사 甲은 그간 지출한 비용 70만원을 乙에게 청구하였으나 법정중개보수가 100만원이어서 50만원을 수령하였다.

해설
개업공인중개사는 중개의뢰인에게 <u>2주일에 1회 이상</u> 중개업무처리상황을 문서로 통지하여야 한다.

정답 ④

필살키 025 부동산거래정보망

공인중개사법령상 부동산거래정보망의 지정 및 이용에 관한 설명으로 틀린 것은?

① 거래정보사업자는 지정받은 날부터 3개월 이내에 부동산거래정보망의 이용 및 정보제공방법 등에 관한 운영규정을 정하여 국토교통부장관의 승인을 얻어야 한다.
② 거래정보사업자가 정당한 사유 없이 지정받은 날부터 1년 이내에 부동산거래정보망을 설치·운영하지 아니한 경우에는 그 지정을 취소해야 한다.
③ 개업공인중개사는 해당 중개대상물의 거래가 완성된 때에는 지체 없이 이를 해당 거래정보사업자에게 통보해야 한다.
④ 거래정보사업자가 부동산거래정보망의 이용 및 정보제공방법 등에 관한 운영규정을 변경하고자 하는 경우 국토교통부장관의 승인을 얻어야 한다.
⑤ 부동산거래정보사업자로 지정받기 위한 지정요건으로 가입·이용신청을 한 개업공인중개사의 수가 500명 이상이고 2개 이상의 특별시·광역시·도 및 특별자치도에서 각각 30명 이상의 개업공인중개사가 가입·이용신청을 하여야 한다.

해설
거래정보사업자가 정당한 사유 없이 지정받은 날부터 1년 이내에 부동산거래정보망을 설치·운영하지 아니한 경우에는 그 지정을 <u>취소할 수 있다</u>.

정답 ②

PART 06 개업공인중개사 등의 의무 및 책임

필살키 026 금지행위

「공인중개사법」의 규정에 의한 개업공인중개사 등의 금지행위(법 제33조 제1항)이면서, 부동산거래질서교란행위에 해당하는 것은 모두 몇 개인가?

> ㉠ 안내문, 온라인 커뮤니티 등을 이용하여 특정 개업공인중개사 등에 대한 중개의뢰를 제한하거나 제한을 유도하는 행위
> ㉡ 안내문, 온라인 커뮤니티 등을 이용하여 특정 가격 이하로 중개를 의뢰하지 아니하도록 유도하는 행위
> ㉢ 거짓으로 거래가 완료된 것처럼 꾸미는 등 중개대상물의 시세에 부당한 영향을 주거나 줄 우려가 있는 행위
> ㉣ 정당한 사유 없이 개업공인중개사 등의 중개대상물에 대한 정당한 표시·광고행위를 방해하는 행위
> ㉤ 단체를 구성하여 특정 중개대상물에 대하여 중개를 제한하거나 단체구성원 이외의 자와 공동중개를 제한하는 행위

① 1개 ② 2개
③ 3개 ④ 4개
⑤ 5개

해설
개업공인중개사 등의 금지행위(법 제33조 제1항)이면서, 부동산거래질서교란행위에 해당하는 것은 ㉢㉤으로 2개이다.
㉠㉡㉣은 부동산거래질서교란행위에는 해당하지만 개업공인중개사 등의 금지행위인 법 제33조 제1항에는 해당하지 않고, 법 제33조 제2항에 해당한다.

정답 ②

필살키 027 중개대상물 확인·설명의무(1)

개업공인중개사가 중개대상물에 대하여 매수·임차 등 권리를 취득하고자 하는 중개의뢰인에게 설명하고, 중개대상물 확인·설명서(I)에도 기재할 사항에 해당하는 것은?

① 토지이용계획, 공법상의 거래규제 및 이용제한
② 거래계약의 조건이나 기한이 있는 경우에는 조건 및 기한
③ 중개대상물에 관한 권리를 이전함에 따라 부담하여야 할 조세의 종류 및 세율
④ 실제거래가격
⑤ 공시지가

해설
② 거래계약서의 필요적 기재사항에 해당한다.
③ 권리를 이전 → 권리를 취득
④ 실제거래가격 → 거래예정가격
⑤ 공시지가는 전속중개계약을 체결한 경우 공개사항에 해당한다.

정답 ①

필살키 028 중개대상물 확인·설명의무(2)

주거용 건축물 확인·설명서상 개업공인중개사가 확인 또는 설명을 위하여 매도의뢰인 등에게 요구할 수 있는 자료를 모두 고른 것은?

> ㉠ 일조, 소음, 진동 등 환경조건
> ㉡ 벽면·바닥면 및 도배 상태
> ㉢ 가정자동화시설(Home Automation)
> ㉣ 수도, 전기, 가스
> ㉤ 실제권리관계 또는 공시되지 아니한 물건의 권리에 관한 사항
> ㉥ 취득 시 부담할 조세의 종류 및 세율
> ㉦ 중개보수 및 실비금액과 산출내역
> ㉧ 비선호시설
> ㉨ 임대차 확인사항

① ㉠, ㉡, ㉢, ㉣
② ㉠, ㉡, ㉣, ㉤
③ ㉠, ㉢, ㉤, ㉦
④ ㉡, ㉢, ㉣, ㉧
⑤ ㉡, ㉢, ㉥, ㉨

해설
개업공인중개사는 매도인 등 권리이전의뢰인 등에게 자료의 제공을 요청할 수 있다. 이 경우 <u>내·외부시설물 상태, 벽면·바닥면 및 도배 상태, 환경조건 등의 자료제공을 요청할 수 있다.</u>

정답 ①

필살키 029 중개대상물 확인·설명의무(3)

개업공인중개사의 확인·설명 및 확인·설명서 작성 등에 관한 설명으로 틀린 것은?

① 중개대상물 확인·설명의무는 권리취득의뢰인에 대하여, 중개대상물 확인·설명서 교부의무는 거래당사자 쌍방에게 이행하여야 한다.
② 중개의뢰를 받은 개업공인중개사는 취득의뢰인에게 중개대상물의 기본적인 사항, 권리관계에 관한 사항, 공시지가 등을 확인하여 설명한 후 확인·설명서에 기재하여야 한다.
③ 개업공인중개사가 확인·설명의무를 이행하지 않은 경우 500만원 이하의 과태료사유에 해당한다.
④ 중개대상물 확인·설명서에는 개업공인중개사와 해당 중개업무를 수행한 소속공인중개사가 서명 및 날인하도록 되어 있다.
⑤ 개업공인중개사는 중개대상물의 상태에 관한 자료요구에 매도의뢰인이 불응한 경우, 그 사실을 매수의뢰인에게 설명하고 중개대상물 확인·설명서에 기재하여야 한다.

해설
공시지가는 전속중개계약 체결 시 공개사항에는 해당하지만, <u>확인·설명사항에는 해당하지 않는다.</u>

정답 ②

필살키 030 거래계약서 작성의무

공인중개사법령상 거래계약서의 필요적 기재사항에 해당하는 것은 모두 몇 개인가?

> ㉠ 물건의 표시
> ㉡ 중개대상물 확인·설명서 교부일자
> ㉢ 중개보수 및 실비의 금액과 그 산출내역
> ㉣ 일조·소음·진동 등 환경조건
> ㉤ 토지이용계획, 공법상의 거래규제 및 이용제한에 관한 사항
> ㉥ 권리이전의 내용
> ㉦ 거래당사자의 인적사항

① 1개　　② 2개
③ 3개　　④ 4개
⑤ 5개

해설
필요적 기재사항에 해당하는 것은 ㉠㉡㉥㉦으로 4개이다.
㉢ 확인·설명사항에 해당한다.
㉣ 전속중개계약체결 시 공개사항, 확인·설명사항에 해당한다.
㉤ 확인·설명사항에 해당한다.

정답 ④

PART 07 손해배상책임과 반환채무이행보장

필살키 031 손해배상책임(1)

개업공인중개사의 손해배상책임을 보장하기 위한 업무보증에 관한 설명으로 옳은 것은 모두 몇 개인가?

> ㉠ 개업공인중개사가 손해배상책임을 보장하기 위한 조치를 이행하지 아니하고 업무를 개시한 경우 등록관청은 개설등록을 취소할 수 있다.
> ㉡ 개업공인중개사가 보증설정신고를 할 때 등록관청에 제출해야 할 증명서류는 전자문서로 제출할 수 없다.
> ㉢ 개업공인중개사가 자기의 중개사무소를 다른 사람의 중개행위의 장소로 제공함으로써 거래당사자에게 재산상 손해가 발생한 경우 그 손해를 배상할 책임이 있다.
> ㉣ 업무보증설정금액으로 손해배상을 한 때에는 30일 이내에 다시 보증을 설정하거나 공탁금 중 부족하게 된 금액을 보전하여야 한다.
> ㉤ 공탁의 방법으로 보증을 설정한 개업공인중개사가 사망하거나 폐업한 경우 3년 이내에는 공탁금을 회수할 수 없다.

① 1개
② 2개
③ 3개
④ 4개
⑤ 5개

해설

옳은 것은 ㉠㉢㉤으로 3개이다.
㉡ 개업공인중개사가 보증설정신고를 할 때 등록관청에 제출해야 할 증명서류는 전자문서로 제출할 수 있다.
㉣ 업무보증설정금액으로 손해배상을 한 때에는 15일 이내에 다시 보증을 설정하거나 공탁금 중 부족하게 된 금액을 보전하여야 한다.

정답 ③

필살키 032   손해배상책임(2)

손해배상책임에 관한 설명으로 틀린 것은?

① 기간만료로 인하여 재보증을 설정하고자 하는 경우 기간만료일까지 보증을 설정하고 증빙서를 갖추어 등록관청에 신고하여야 한다. 이 경우 재보증설정은 보증보험, 공제, 공탁 모두의 경우 발생한다.
② 「공인중개사법」에서 정하고 있는 업무보증설정금액의 성격은 개업공인중개사의 고의 또는 과실로 인하여 발생한 재산상 손해만 규정할 뿐 정신적 손해에 관한 규정은 없다.
③ 개업공인중개사는 중개가 완성된 때에는 보증관계증서 사본을 거래당사자에게 교부한 후 설명하여야 하며, 이를 위반한 경우 100만원 이하의 과태료사유에 해당한다.
④ 중개의뢰인이 개업공인중개사에게 소정의 중개보수를 지급하지 않았다고 하여 개업공인중개사의 확인·설명의무 위반에 대한 개업공인중개사의 손해배상책임이 당연히 소멸되는 것은 아니다.
⑤ 중개법인의 주된 사무소는 물론 분사무소에서 중개사고로 인한 손해배상청구권도 중개법인에 귀속되는 것이므로 중개의뢰인은 중개법인 전체의 업무보증설정한도 내에서 손해배상청구가 가능하다.

해설
기간만료일까지 보증을 설정한다는 내용은 <u>공탁의 경우에는 발생하지 아니한다.</u>

정답 ①

필살키 033   반환채무이행보장

계약금 등의 반환채무이행의 보장에 관한 설명으로 틀린 것은?

① 개업공인중개사는 거래당사자가 계약금 등을 신탁업자의 명의로 금융기관 등에 예치할 것을 의뢰하는 경우 반환채무이행보장에 소요되는 실비에 관한 사항을 약정하여야 한다.
② 개업공인중개사는 계약금 등을 자기 명의로 금융기관 등에 예치하는 경우에는 자기 소유의 예치금과 분리하여 관리될 수 있도록 하여야 한다.
③ 개업공인중개사는 계약금 등을 자기 명의로 금융기관 등에 예치하는 경우에는 그 계약금 등을 거래당사자에게 지급할 것을 보장하기 위하여 예치대상이 되는 계약금 등에 해당하는 금액을 보장하는 보증보험 또는 공제에 가입하거나 공탁을 하여야 한다.
④ 개업공인중개사는 거래의 안전을 보장하기 위하여 필요하다고 인정하는 경우에는 거래계약의 이행이 완료될 때까지 계약금·중도금 또는 잔금을 개업공인중개사 또는 대통령령이 정하는 자의 명의로 예치하도록 거래당사자에게 권고할 수 있다.
⑤ 매도인·임대인 등 계약금을 수령할 권리가 있는 자는 해당 계약을 해제한 때에 계약금 등의 반환을 보장하는 내용의 금융기관 또는 보증보험회사가 발행하는 보증서를 예치명의자에게 교부하고 계약금 등을 미리 수령할 수 있다.

해설
신탁업자의 명의 → 개업공인중개사의 명의

정답 ①

PART 08 중개보수

필살키 p.28 합격서 pp.60~62

필살키 034 중개보수 및 실비(1)

개업공인중개사가 거래당사자로부터 받을 수 있는 보수 등에 관한 설명으로 <u>틀린</u> 것은?

① 주택 외의 중개대상물에 관한 중개보수는 국토교통부령이 정하는 범위 안에서 특별시·광역시·도 또는 특별자치도(시·도)의 조례로 정한다.
② 동일한 중개대상물에 대하여 동일 당사자 간에 매매를 포함한 둘 이상의 거래가 동일한 기회에 이루어지는 경우에는 매매계약에 관한 거래금액만을 적용한다.
③ 전용면적이 85m² 이하로서 일정한 요건을 갖춘 주거용 오피스텔은 매매·교환은 1천분의 5, 임대차 등은 1천분의 4를 중개보수로 청구하면 된다.
④ 분양권 전매를 중개한 경우 거래금액은 이미 납입한 금액(계약금, 중도금 등)을 거래금액으로 하며, 프리미엄까지 중개한 경우에는 프리미엄을 합산한 금액을 거래금액으로 한다.
⑤ 중개대상물의 주택 소재지와 중개사무소의 소재지가 다른 경우 중개사무소의 소재지를 관할하는 시·도 조례에서 정한 기준에 따라 중개보수를 받아야 한다.

해설
특별시·광역시·도 또는 특별자치도(시·도)의 조례가 적용되는 중개대상물은 <u>주택의 경우</u>이다.

정답 ①

필살키 p.28 합격서 pp.61~62

필살키 035 중개보수 및 실비(2)

개업공인중개사가 다음과 같은 건축물의 매매를 중개하였다. 개업공인중개사가 거래당사자로부터 받을 수 있는 중개보수의 총액은?

- 건축물면적: 100m²
- 주택면적: 50m², 주택 외의 용도면적: 50m²
- 매매가: 5억원
- 주택의 경우: 요율은 0.4%이고, 한도액은 없음
- 주택 외의 경우: 합의된 요율은 0.7%이고, 한도액은 없음

① 120만원 ② 200만원
③ 350만원 ④ 400만원
⑤ 700만원

해설
5억원 × 0.4% = 200만원
따라서 중개보수의 총액을 구하면 400만원이 된다.

정답 ④

필살키 036 중개보수 및 실비(3)

개업공인중개사가 전용면적이 75m²인 주거용 오피스텔을 보증금 2천 600만원, 월차임 20만원으로 거래계약을 체결하였다. 개업공인중개사가 임차인으로부터 받을 수 있는 중개보수는? (임차한 오피스텔은 건축법상 업무시설로 상·하수도 시설이 갖추어진 전용 입식부엌, 전용수세식 화장실 및 목욕시설을 갖춤)

① 160,000원
② 320,000원
③ 360,000원
④ 640,000원
⑤ 720,000원

해설
2,600만원 + (20만원 × 70) = 4,000만원
따라서 중개보수는 4,000만원 × 0.4% = 16만원이 된다.

정답 ①

PART 09 공인중개사협회 및 교육·포상금·신고센터 등

필살키 037 공인중개사협회

공인중개사법령상 공인중개사협회에 관한 설명으로 옳은 것은 모두 몇 개인가?

㉠ 공인중개사협회는 회계연도 종료 후 3개월 이내에 매년도의 공제사업 운용실적을 일간신문·협회보 등을 통하여 공제계약자에게 공시하여야 한다.
㉡ 협회는 총회의 의결내용을 지체 없이 국토교통부장관에게 보고하여야 한다.
㉢ 운영위원회는 위원장과 부위원장 각각 1명을 두되, 위원장과 부위원장은 위원 중에서 호선한다.
㉣ 국토교통부장관은 협회의 자산상황이 불량하여 중개사고 피해자의 권익을 해칠 우려가 있다고 인정하면 불건전한 자산에 대한 적립금의 보유를 명할 수 있다.
㉤ 운영위원회의 부위원장은 위원장을 보좌하며, 위원장이 부득이한 사유로 그 직무를 수행할 수 없을 때에는 그 직무를 대행한다.
㉥ 협회가 지부를 설치한 때에는 시·도지사에게 신고하여야 한다.
㉦ 협회는 공제사업을 하는 경우 책임준비금을 다른 용도로 사용하려면 국토교통부장관의 승인을 얻어야 한다.

① 3개   ② 4개
③ 5개   ④ 6개
⑤ 7개

해설
모두 공인중개사협회에 관한 설명으로 옳다.

정답 ⑤

필살키 038 교육

공인중개사법령상 교육에 관한 설명으로 옳은 것은?

① 소속공인중개사로서 고용관계 종료신고 후 1년 이내에 중개사무소의 개설등록을 하려는 자는 실무교육의 대상이다.
② 연수교육의 교육시간은 28시간 이상 32시간 이내로 한다.
③ 직무교육의 교육시간은 12시간 이상 18시간 이내로 한다.
④ 분사무소책임자가 되고자 하는 공인중개사는 고용신고일 전 1년 이내에 등록관청이 실시하는 실무교육을 받아야 한다.
⑤ 부동산거래사고 예방교육을 실시하려는 경우에는 교육일 10일 전까지 교육일시·교육장소 및 교육내용, 그 밖에 교육에 필요한 사항을 공고하거나 교육대상자에게 통지하여야 한다.

해설
① 1년 이내이므로 실무교육대상이 아니다.
② 28시간 이상 32시간 이내 → 12시간 이상 16시간 이내
③ 12시간 이상 18시간 이내 → 3시간 이상 4시간 이내
④ 등록관청 → 시·도지사

정답 ⑤

필살키 039 포상금(공인중개사법)(1)

「공인중개사법」 제46조에서 규정하고 있는 포상금제도의 내용을 나열한 것이다. 신고·고발대상에 해당하는 것은 모두 몇 개인가?

> ㉠ 개업공인중개사가 아닌 자가 사무소명칭표시의무를 위반한 자
> ㉡ 개업공인중개사가 아닌 자가 중개대상물에 대한 표시·광고를 하여서는 아니 된다는 규정을 위반한 자
> ㉢ 중개사무소를 폐업한 후 중개업을 영위하는 자
> ㉣ 공인중개사가 아니면서 '공인중개사'라는 명칭을 사용한 자
> ㉤ 개업공인중개사 등에게 중개대상물을 시세보다 현저하게 높게 표시·광고하도록 강요한 자
> ㉥ 투기과열지구 내에서 전매제한기간 중에 분양권을 중개한 자
> ㉦ 등록증, 자격증을 다른 사람으로부터 양수·대여받은 자
> ㉧ 양도·알선 등이 금지된 부동산의 분양·임대 등과 관련된 증서 등의 매매·교환을 중개한 자
> ㉨ 등록이 취소된 후 중개업을 영위하는 자
> ㉩ 단체를 구성하여 특정 중개대상물에 대하여 중개를 제한하거나 단체 구성원 외의 자와 공동중개를 제한하는 행위를 한 자

① 2개 ② 3개
③ 4개 ④ 5개
⑤ 6개

해설
㉡㉤㉥㉦㉧㉨㉩ 신고·고발 시 포상금 지급대상에 해당한다.

정답 ⑤

필살키 040 포상금(공인중개사법)(2)

공인중개사법령상 등록관청에 신고한 甲과 乙이 받을 수 있는 포상금의 최대금액은?

> ㉠ 甲은 거래계약서의 거래금액 등 거래내용을 거짓 기재한 A와 이중소속을 한 B를 각각 신고하였다.
> ㉡ 등록취소처분을 받은 후 중개업을 영위하고 있는 C를 甲과 乙이 공동으로 신고하였다.
> ㉢ 乙이 공인중개사 자격증을 다른 사람에게 양도한 D를 신고한 이후에, 甲도 D를 신고하였다.
> ㉣ E가 폐업신고 후 중개업을 영위한 사실이 등록관청에 의해 발각된 이후, 甲과 乙은 E를 공동으로 신고하였다.
> ※ 담당 검사는 A와 E에 대하여 공소제기, C와 D에 대하여 기소유예결정, B에 대하여 무혐의 처분을 하였다.
> ※ 甲과 乙 사이에 포상금 분배약정은 없었다.

① 甲: 25만원, 乙: 75만원
② 甲: 75만원, 乙: 75만원
③ 甲: 75만원, 乙: 125만원
④ 甲: 125만원, 乙: 75만원
⑤ 甲: 125만원, 乙: 150만원

해설
㉠ 거래내용을 거짓 기재한 경우와 이중소속은 포상금사유에 해당하지 않는다.
㉡ 甲·乙이 공동으로 C를 신고한 경우이므로 각각 25만원씩 포상금이 분배된다.
㉢ 乙이 D를 신고한 경우이므로 乙은 50만원의 포상금을 받는다.
㉣ 등록관청에 의해 발각된 이후 신고한 경우이므로 포상금 지급대상이 아니다.

정답 ①

필살키 041 부동산거래질서교란행위 신고센터

「공인중개사법」상 부동산거래질서교란행위 신고센터의 설치·운영에 관한 설명으로 <u>틀린</u> 것은?

① 국토교통부장관은 신고센터의 업무를 「한국부동산원법」에 따른 한국부동산원에 위탁한다.
② 부동산거래질서교란행위 신고센터에 신고하려는 자는 신고인 및 피신고인의 인적사항, 부동산거래질서교란행위의 발생일시·장소 및 그 내용 등을 서면(전자문서 포함)으로 제출해야 한다.
③ 신고센터는 신고내용이 이미 수사기관에서 수사 중이거나 재판이 계속 중이거나 법원의 판결에 의해 확정된 경우 국토교통부장관의 승인을 받아 접수된 신고사항의 처리를 종결할 수 있다.
④ 신고센터의 요구를 받은 시·도지사 및 등록관청 등은 신속하게 조사 및 조치를 완료하고, 완료한 날부터 10일 이내에 그 결과를 신고센터에 통보해야 한다.
⑤ 신고센터는 매월 15일까지 직전 달의 신고사항 접수 및 처리 결과 등을 국토교통부장관에게 제출해야 한다.

해설
신고센터는 매월 10일까지 직전 달의 신고사항 접수 및 처리 결과 등을 국토교통부장관에게 제출해야 한다.

정답 ⑤

PART 10 지도·감독 및 행정처분

필살키 042 행정처분 〔등록취소·업무정지〕(1)

공인중개사법령상 행정처분에 관한 설명으로 틀린 것은?

① 업무정지, 자격정지처분은 그 사유가 발생한 날부터 3년이 지난 때에는 할 수 없다.
② 법인의 사원 또는 임원이 결격사유에 해당하는 경우로서 2개월 이내에 그 사유를 해소하지 아니한 경우 절대적 등록취소사유에 해당하며, 소속공인중개사나 중개보조원이 결격사유에 해당하는 경우로서 2개월 이내에 그 사유를 해소하지 아니한 경우 업무정지사유에 해당한다.
③ 자격정지처분을 받은 소속공인중개사로 하여금 자격정지기간 중에 중개업무를 하게 한 경우 절대적 등록취소사유에 해당하며, 중개업무를 수행한 소속공인중개사는 자격취소사유에 해당한다.
④ 개업공인중개사가 거래계약서에 거래금액 등 거래내용을 거짓으로 기재하거나, 서로 다른 둘 이상의 거래계약서를 작성한 경우 상대적 등록취소사유에 해당한다.
⑤ 개업공인중개사가 부동산거래정보망에 중개대상물에 관한 정보를 거짓으로 공개한 경우 등록관청은 6개월의 범위 안에서 업무의 정지를 명할 수 있다.

해설
업무정지, 자격정지처분 → 업무정지처분

정답 ①

필살키 043 행정처분 〔등록취소·업무정지〕(2)

중개사무소의 개설등록을 반드시 취소해야 하는 사유에 해당하지 않는 것은?

① 개업공인중개사가 「변호사법」을 위반하여 징역형을 선고받은 경우
② 다른 사람에게 자기의 성명 또는 상호를 사용하여 중개업무를 하게 한 경우
③ 최근 1년 이내에 이 법에 의하여 3회 이상 업무정지 또는 과태료 처분을 받고 다시 업무정지 또는 과태료의 처분에 해당하는 행위를 한 경우
④ 개업공인중개사가 자격정지처분을 받은 소속공인중개사로 하여금 중개업무를 하게 한 경우
⑤ 개업공인중개사가 다른 개업공인중개사의 소속공인중개사·중개보조원 또는 개업공인중개사인 법인의 사원·임원이 된 경우

해설
상대적 등록취소사유에 해당한다.

정답 ③

필살키 044 행정처분 (등록취소·업무정지)(3)

공인중개사법령상의 내용과 적용대상의 연결이 잘못된 것은?

① 결격사유 – 개업공인중개사, 소속공인중개사, 중개보조원, 법인의 임원 또는 사원
② 행정처분 – 공인중개사, 개업공인중개사, 거래정보사업자, 소속공인중개사
③ 금지행위(법 제33조 제1항) – 소속공인중개사, 개업공인중개사, 중개보조원, 중개법인의 임원 또는 사원
④ 행정벌 – 개업공인중개사, 소속공인중개사, 중개보조원, 거래정보사업자
⑤ 지도·감독 – 공인중개사협회, 개업공인중개사, 거래정보사업자, 공인중개사, 무등록중개업자

해설
공인중개사는 지도·감독의 대상에 포함되지 않는다.

정답 ⑤

필살키 045 행정처분 (등록취소·업무정지)(4)

다음 중 개업공인중개사에 대해 등록을 취소할 수 있는 사유는 모두 몇 개인가?

㉠ 천막 등 임시중개시설물을 설치한 경우
㉡ 전속중개계약을 체결한 때에 전속중개계약서에 의하지 아니한 경우
㉢ 법인인 개업공인중개사가 다른 법률에 규정된 경우를 제외하고 중개업 및 겸업으로 규정된 업무 외의 다른 업무를 한 경우
㉣ 개업공인중개사가 거래계약서를 작성·교부하지 아니하거나 5년간 보존하지 아니한 경우
㉤ 개업공인중개사가 거래계약서를 작성하는 때에 거래계약서에 거래금액 등 거래내용을 거짓으로 기재하거나 서로 다른 둘 이상의 거래계약서를 작성한 경우
㉥ 자격정지처분을 받은 소속공인중개사로 하여금 자격정지기간 중에 중개업무를 하게 한 경우

① 1개 ② 2개
③ 3개 ④ 4개
⑤ 5개

해설
등록을 취소할 수 있는 사유는 ㉠㉢㉤으로 3개이다.
㉡㉣ 업무정지사유에 해당한다.
㉥ 절대적 등록취소사유에 해당한다.

정답 ③

필살키 046 효과승계 및 위반행위승계(1)

개업공인중개사 甲에 대한 효과승계와 위반행위승계에 관한 설명으로 틀린 것은?

① 甲이 2021.5.21. 등록한 인장을 사용하지 아니하고 거래계약서를 작성한 사실이 2025.5.21. 적발된 경우 이에 따른 행정처분을 할 수 없다.

② 甲이 「공인중개사법」 위반으로 2025.2.17. 3개월의 업무정지처분을 받았으나 2025.6.17. 폐업신고를 하였다가 2025.12.17. 다시 중개사무소 개설등록을 한 경우, 종전의 업무정지처분의 효과는 승계된다.

③ 甲이 「공인중개사법」 위반으로 2025.1.25. 30만원의 과태료처분을 받았으나 2025.5.25. 폐업신고를 하였다가 2025.10.25. 다시 중개사무소 개설등록을 한 경우, 종전의 과태료의 효과는 승계된다.

④ 甲이 「공인중개사법」 위반으로 2025.2.10. 1개월의 업무정지처분에 해당하는 행위를 하였으나 2025.5.10. 폐업신고를 하였다가 2025.12.10. 다시 중개사무소 개설등록을 한 경우, 종전의 위반행위에 대하여 업무정지처분을 받을 수 없다.

⑤ 甲이 「공인중개사법」 위반으로 2025.3.17. 등록취소처분에 해당하는 행위를 하였으나 2025.4.17. 폐업신고를 하였다가 2027.12.17. 다시 중개사무소 개설등록을 한 경우, 종전의 위반행위에 대하여 등록취소처분을 할 수 있다.

해설

甲이 「공인중개사법」 위반으로 2025.2.10. 1개월의 업무정지처분에 해당하는 행위를 하였으나 2025.5.10. 폐업신고를 하였다가 2025.12.10. 다시 중개사무소 개설등록을 한 경우, 종전의 위반행위에 대하여 업무정지처분을 받을 수 있다.

정답 ④

필살키 047 효과승계 및 위반행위승계(2)

공인중개사법령상 행정처분과 관련된 설명으로 옳은 것은?

① 폐업신고 전의 개업공인중개사에 대한 업무정지처분사유나 과태료처분사유로 행한 행정처분의 효과는 그 폐업일로부터 1년간 재등록개업공인중개사에게 승계된다.
② 개업공인중개사로서 이중소속을 한 자가 폐업신고 후 2년만에 재등록을 한 경우 등록관청은 해당 개업공인중개사에 대하여 등록을 취소할 수 있다.
③ 위 ②의 경우 등록취소처분을 받은 자는 3년간 결격사유에 해당하여 중개업에 종사할 수 없다.
④ 개업공인중개사로서 거래계약서에 서명 및 날인할 의무를 위반한 자가 폐업신고 후 2년만에 재등록을 한 경우 등록관청은 해당 개업공인중개사에 대하여 업무정지처분을 할 수 있다.
⑤ 등록관청은 공인중개사가 자격취소사유에 해당하는 사실을 알게 된 때에는 지체 없이 그 사실을 시·도지사에게 통보하여야 한다.

해설

① 폐업일 → 처분일
③ 3년 → 1년
④ 업무정지처분을 할 수 없다.
⑤ 자격취소사유 → 자격정지사유

정답 ②

필살키 048 효과승계 및 위반행위승계(3)

공인중개사법령상 효과승계 및 위반행위승계에 관한 설명으로 틀린 것은?

① 개업공인중개사가 폐업신고 후 다시 중개사무소의 개설등록을 한 때에는 폐업신고 전의 개업공인중개사의 지위를 승계한다.
② 폐업신고를 한 날부터 다시 중개사무소의 개설등록을 한 날까지의 기간, 즉 폐업기간이 3년을 초과한 경우에는 등록취소의 대상이 되지 아니한다.
③ 폐업신고 전의 위반행위에 대한 행정처분이 업무정지에 해당하는 경우로서 폐업기간이 1년을 초과한 경우에는 업무정지의 대상이 되지 아니한다.
④ 위 ②, ③의 경우 행정처분을 함에 있어서는 폐업기간과 폐업의 사유 등을 고려하여야 한다.
⑤ 업무정지, 과태료에 해당하는 위반행위를 사유로 행한 행정처분의 효과는 처분일로부터 3년간 재등록개업공인중개사에게 승계된다.

해설

업무정지, 과태료에 해당하는 위반행위를 사유로 행한 행정처분의 효과는 처분일로부터 1년간 재등록개업공인중개사에게 승계된다.

정답 ⑤

필살키 049 업무정지사유와 기간

「공인중개사법 시행규칙」에서 정하고 있는 업무정지사유와 기간을 설명한 내용으로 <u>틀린</u> 것은 모두 몇 개인가?

위반행위	업무정지기준
㉠ 그 밖에 이 법 또는 이 법에 따른 명령이나 처분을 위반한 경우	3개월
㉡ 확인·설명서에 서명 및 날인을 하지 아니한 경우	6개월
㉢ 인장을 등록하지 아니하거나 등록하지 않은 인장을 사용한 경우	3개월
㉣ 결격사유에 해당하는 소속공인중개사 또는 중개보조원을 둔 경우	6개월
㉤ 거래계약서를 작성·교부하지 아니하거나 보존하지 아니한 경우	6개월

① 1개 ② 2개
③ 3개 ④ 4개
⑤ 5개

해설
틀린 것은 ㉠㉡㉤으로 3개이다.
㉠ 3개월 → 1개월
㉡㉤ 6개월 → 3개월

정답 ③

필살키 050 자격정지사유와 기간

「공인중개사법 시행규칙」에 규정된 소속공인중개사의 자격정지기준으로 옳은 것은 모두 몇 개인가?

위반행위	자격정지기준
㉠ 단체를 구성하여 특정 중개대상물에 대하여 중개를 제한하거나 단체 구성원 이외의 자와 공동중개를 제한하는 행위를 한 경우	6개월
㉡ 성실·정확하게 중개대상물의 확인·설명을 하지 아니하거나 설명의 근거자료를 제시하지 아니한 경우	6개월
㉢ 소속공인중개사가 둘 이상의 중개사무소에 소속된 경우	6개월
㉣ 중개대상물 확인·설명서에 서명 및 날인을 하지 아니한 경우	6개월
㉤ 거래계약서에 거래금액 등 거래내용을 거짓으로 기재하거나 서로 다른 둘 이상의 거래계약서를 작성한 경우	6개월

① 1개 ② 2개
③ 3개 ④ 4개
⑤ 5개

해설
옳은 것은 ㉠㉢㉤으로 3개이다.
㉡㉣ 6개월 → 3개월

정답 ③

필살키 051 행정처분 (자격취소·자격정지)(1)

공인중개사법령상 개업공인중개사의 업무정지사유이면서, 중개행위를 한 소속공인중개사의 자격정지사유에 해당하는 것으로 옳은 것은 모두 몇 개인가?

> ㉠ 거래계약서를 작성·교부하지 아니하거나 5년간 보존하지 아니한 경우
> ㉡ 중개대상물 확인·설명서를 작성·교부하지 아니하거나 3년간 보존하지 아니한 경우
> ㉢ 중개대상물 확인·설명서에 서명 및 날인을 하지 아니한 경우
> ㉣ 거래계약서에 서명 및 날인을 하지 아니한 경우
> ㉤ 「공인중개사법」 제33조 제1항의 각 호의 금지행위를 한 경우
> ㉥ 인장을 등록하지 아니하거나 등록한 인장을 사용하지 아니한 경우

① 1개 ② 2개
③ 3개 ④ 4개
⑤ 5개

해설
개업공인중개사의 업무정지사유이면서, 중개행위를 한 소속공인중개사의 자격정지사유에 해당하는 것은 ㉡㉣㉤㉥으로 4개이다.
㉠㉡ 업무정지사유에만 해당한다.

정답 ④

필살키 052 행정처분 (자격취소·자격정지)(2)

공인중개사 자격취소 및 자격정지에 대한 설명으로 틀린 것은?

① 자격취소 및 자격정지처분은 그 공인중개사자격증을 교부한 시·도지사가 행한다.
② 자격증을 교부한 시·도지사와 사무소의 소재지를 관할하는 시·도지사가 다른 경우에는 사무소의 소재지를 관할하는 시·도지사가 필요한 절차를 모두 이행한 후 자격증을 교부한 시·도지사에게 5일 이내에 통보하여야 한다.
③ 시·도지사가 공인중개사의 자격취소처분을 한 때에는 5일 이내에 이를 국토교통부장관과 다른 시·도지사에게 통보하여야 한다.
④ 등록관청은 자격정지사유 중 어느 하나에 해당하는 사실을 알게 된 때에는 지체 없이 그 사실을 시·도지사에게 통보하여야 한다.
⑤ 소속공인중개사가 자격정지기간 중에 다른 개업공인중개사의 소속공인중개사 또는 법인인 개업공인중개사의 사원·임원이 되는 경우에도 자격이 취소된다.

해설
5일 이내 → 기간규정이 없다.

정답 ②

필살키 053 공인중개사법(지체 없이)

공인중개사법령상 '지체 없이'로 규정하고 있는 것이 아닌 것은?

① 개업공인중개사가 전속중개계약을 체결한 때에는 중개대상물에 관한 정보를 거짓으로 공개하여서는 아니 되며, 해당 중개대상물의 거래가 완성된 때에는 지체 없이 이를 당해 거래정보사업자에게 통보하여야 한다.
② 등록관청은 중개사무소의 개설등록을 한 자가 보증을 설정하였는지 여부를 확인한 후 중개사무소 등록증을 지체 없이 교부하여야 한다.
③ 분사무소 설치신고를 받은 등록관청은 그 신고내용이 적합한 경우에는 신고확인서를 교부하고 지체 없이 그 분사무소설치예정지역을 관할하는 시장·군수·구청장에게 통보하여야 한다.
④ 개업공인중개사가 등록관청에 폐업신고를 한 경우, 중개사무소 이전사실을 신고한 경우, 등록취소처분을 받은 경우에는 지체 없이 사무소에 설치된 간판을 철거하여야 한다.
⑤ 전속중개계약을 체결한 경우에는 지체 없이 업무처리상황을 중개의뢰인에게 통지하여야 한다.

해설
전속중개계약을 체결한 경우에는 2주일에 1회 이상 업무처리상황을 중개의뢰인에게 통지하여야 한다.

정답 ⑤

PART 11 벌칙(행정형벌·행정질서벌)

필살카 054 행정형벌(징역·벌금)

공인중개사법령상 행정형벌의 내용과 제재를 연결한 것으로 옳은 것은 모두 몇 개인가?

㉠ 안내문, 온라인 커뮤니티 등을 이용하여 특정 개업공인중개사 등에 대한 중개의뢰를 제한하거나 제한을 유도하는 행위 – 3년 이하의 징역 또는 3천만원 이하의 벌금
㉡ 개업공인중개사가 아닌 자로서 중개업을 하기 위하여 중개대상물의 표시·광고를 한 경우 – 3년 이하의 징역 또는 3천만원 이하의 벌금
㉢ 이 법 및 다른 법률에 특별한 규정이 있는 경우를 제외하고는 그 업무상 알게 된 비밀을 누설한 자 – 3년 이하의 징역 또는 3천만원 이하의 벌금
㉣ 다른 사람에게 자기의 성명 또는 상호를 사용하여 중개업무를 하게 하는 행위를 알선한 경우 – 1년 이하의 징역 또는 1천만원 이하의 벌금
㉤ 해당 중개대상물의 거래상 중요사항에 관하여 거짓된 언행 그 밖의 방법으로 중개의뢰인의 판단을 그르치게 한 경우 – 3년 이하의 징역 또는 3천만원 이하의 벌금
㉥ 정당한 사유 없이 개업공인중개사 등의 중개대상물에 대한 정당한 표시·광고행위를 방해하는 행위 – 3년 이하의 징역 또는 3천만원 이하의 벌금

① 1개 ② 2개
③ 3개 ④ 4개
⑤ 5개

해설
옳은 것은 ㉠㉣㉥으로 3개이다.
㉡㉢㉤ 3년 이하의 징역 또는 3천만원 이하의 벌금 → 1년 이하의 징역 또는 1천만원 이하의 벌금

정답 ③

필살키 055 행정질서벌(과태료)(1)

공인중개사법령상 행정질서벌인 과태료에 대한 설명으로 **틀린** 것은?

① 국토교통부장관의 요청이 있는 경우로서 금융감독원장의 공제사업에 관한 조사 또는 검사에 관한 규정을 위반한 경우 500만원 이하의 과태료대상이다.
② 국토교통부장관의 자료제출 요구를 받은 정보통신서비스 제공자가 정당한 사유 없이 요구를 따르지 아니한 경우 500만원 이하의 과태료대상이다.
③ 개업공인중개사가 성실·정확하게 중개대상물의 확인·설명을 하지 아니하거나 설명의 근거자료를 제시하지 아니한 경우 100만원 이하의 과태료대상이다.
④ 개업공인중개사가 표시·광고를 하는 경우 중개보조원에 관한 사항을 명시하여서는 아니 된다는 규정을 위반한 경우 100만원 이하의 과태료대상이다.
⑤ 개업공인중개사가 인터넷을 이용하여 중개대상물에 관한 표시·광고를 하는 때에 중개대상물의 종류별로 소재지, 면적, 가격 등의 사항을 명시하여야 한다는 규정을 위반한 경우 100만원 이하의 과태료대상이다.

해설
개업공인중개사가 성실·정확하게 중개대상물의 확인·설명을 하지 아니하거나 설명의 근거자료를 제시하지 아니한 경우 <u>500만원</u> 이하의 과태료대상이다.

정답 ③

필살키 056 행정질서벌(과태료)(2)

공인중개사법령상 규정 위반으로 과태료 부과기준에서 정하는 금액이 가장 큰 것은?

① 중개대상물이 존재하지 않아서 실제로 거래를 할 수 없는 중개대상물에 대한 표시·광고를 한 경우
② 거래정보사업자가 운영 규정의 승인 또는 변경 승인을 얻지 아니한 경우
③ 개업공인중개사가 성실·정확하게 확인·설명을 했으나 설명의 근거자료를 제시하지 않은 경우
④ 협회가 공제사업 운용실적을 공시하지 아니한 경우
⑤ 연수교육을 정당한 사유 없이 6개월을 초과하여 이수하지 아니한 경우

해설
① 500만원 과태료
② 400만원 과태료
③ 250만원 과태료
④ 300만원 과태료
⑤ 100만원 과태료

정답 ①

필살키 057 행정질서벌(과태료)(3)

필살키 pp.41~42 합격서 pp.87~88

과태료 처분사유 중 부과관청이 등록관청이 아닌 것은 모두 몇 개인가?

㉠ 주택임대차계약의 신고, 변경 및 해제신고를 하지 아니하거나 그 신고를 거짓으로 한 자
㉡ 운영규정의 승인 또는 변경승인을 얻지 아니한 거래정보사업자
㉢ 개업공인중개사로 하여금 부동산거래신고를 하지 아니하게 한 거래당사자
㉣ 휴업신고, 폐업신고, 휴업한 중개업의 재개 또는 휴업기간의 변경신고를 하지 아니한 자
㉤ 사무소명칭에 '공인중개사 사무소'라는 명칭을 사용한 부칙 규정에 의한 개업공인중개사
㉥ 거래대금지급증명자료를 제출하지 아니한 개업공인중개사
㉦ 부동산거래신고에 대해 거짓신고를 조장 또는 방조한 자
㉧ 중개대상물이 존재하지만 실제로 중개의 대상이 될 수 없는 중개대상물에 대한 표시·광고행위를 한 자
㉨ 자격취소처분을 받은 후 자격증을 반납할 수 없는 사유서를 거짓으로 제출한 자

① 3개　　② 4개
③ 5개　　④ 6개
⑤ 7개

해설
과태료 부과관청이 등록관청이 아닌 것은 ㉠㉡㉢㉥㉦㉨으로 6개이다.
㉠㉢㉥㉦ 신고관청
㉡ 국토교통부장관
㉨ 시·도지사

정답 ④

PART 12 부동산 거래신고 등에 관한 법률

필살키 pp.43~44　**합격서** pp.93~100

필살키 058　부동산거래신고(1)

부동산 거래신고 등에 관한 법령상 부동산거래신고에 관한 설명으로 **틀린** 것은?

① 수도권 등(수도권·광역시 및 세종특별자치시)에 소재하는 실제 거래가격이 1억원 이상인 토지를 매수하려면 자금의 조달계획, 토지이용계획을 신고하여야 한다.
② 수도권 등(수도권·광역시 및 세종특별자치시)에 소재하는 실제 거래가격이 1억원인 토지지분을 매수할 경우 자금의 조달계획, 토지이용계획을 신고하지 않아도 된다.
③ 법인 외의 자가 실제 거래가격이 6억원 이상인 주택을 매수하거나 투기과열지구 또는 조정대상지역에 소재하는 주택을 매수하는 경우 자금조달 및 입주계획서를 신고관청에 제출하여야 한다.
④ 신고내용을 조사한 경우 신고관청은 조사결과를 시·도지사에게 보고하여야 하며, 시·도지사는 이를 매월 1회 국토교통부장관에게 보고하여야 한다.
⑤ 외국인 등이 부동산 등의 취득을 신고한 내용을 매분기 종료 후 1개월 이내에 특별시장·광역시장·도지사 또는 특별자치도지사에게 제출하여야 한다.

해설
토지지분 거래의 경우 실제 거래가격에 상관없이 자금의 조달계획, 토지이용계획을 신고하여야 한다.

정답 ②

필살키 p.43　**합격서** p.94

필살키 059　부동산거래신고(2)

부동산 거래신고 등에 관한 법령상 부동산거래신고사항에 해당하는 것은 모두 몇 개인가?

> ⊙ 개업공인중개사가 거래계약서를 작성·교부한 경우에는 개업공인중개사의 인적사항, 중개사무소의 상호, 전화번호 및 소재지
> ⓒ 거래대상 부동산 등의 종류
> ⓒ 거래당사자의 인적사항
> ② 계약의 조건이나 기한이 있는 경우에는 그 조건 또는 기한
> ⓜ 거래대상 부동산 등의 소재지·지번·지목 및 면적
> ⓑ 실제 거래가격
> ⓼ 계약체결일, 중도금지급일 및 잔금지급일
> ⓞ 위탁관리인의 인적사항

① 4개　　② 5개
③ 6개　　④ 7개
⑤ 8개

해설
모두 부동산거래신고사항에 해당한다.

정답 ⑤

필살키 060 부동산거래신고(3)

해제 등에 관한 신고, 정정신청, 변경신고에 관한 설명으로 틀린 것은?

① 부동산거래계약시스템을 통하여 부동산거래계약 해제 등을 한 경우에는 부동산거래계약 해제 등이 이루어진 때에 부동산거래계약 해제 등 신고서를 제출한 것으로 본다.
② 개업공인중개사가 거래계약서를 작성·교부하여 신고를 한 경우로서 해당 거래계약이 해제, 무효 또는 취소되었다면 해제 등이 확정된 날부터 30일 이내에 해당 신고관청에 해제 등 신고를 하여야 한다.
③ 거래당사자의 주소, 전화번호 또는 휴대전화번호를 정정하는 경우에는 해당 거래당사자 일방이 단독으로 서명 또는 날인하여 정정을 신청할 수 있다.
④ 「도시 및 주거환경정비법」에 따른 부동산에 대한 공급계약의 거래가격 중 분양가격 및 선택품목은 거래당사자 일방이 단독으로 변경신고를 할 수 있다.
⑤ 정정신청을 받은 신고관청은 정정사항 또는 변경사항을 확인한 후 지체 없이 해당 내용을 정정 또는 변경하고, 정정사항 또는 변경사항을 반영한 신고필증을 재발급하여야 한다.

해설
개업공인중개사가 거래계약서를 작성·교부하여 신고를 한 경우로서 해당 거래계약이 해제, 무효 또는 취소되었다면 해제 등이 확정된 날부터 30일 이내에 해당 신고관청에 해제 등 신고를 할 수 있다.

정답 ②

필살키 061 부동산거래신고(4)

부동산거래에 관하여 신고한 내용 중 잘못 기재된 경우 정정신청을 할 수 있다. 다음 중 정정신청을 할 수 있는 경우는?

① 공동매수의 경우 매수인의 변경
② 거래당사자의 주소·전화번호 또는 휴대 전화번호
③ 중도금·잔금 및 지급일
④ 계약의 조건 또는 기한
⑤ 거래가격

해설
①③④⑤는 변경신고사항에 해당한다.

정답 ②

필살키 062 부동산거래신고(5)

부동산거래계약의 신고를 한 후 계약내용이 변경된 경우 거래당사자 또는 개업공인중개사는 변경신고를 할 수 있다. 다음 중 변경신고사유가 <u>아닌</u> 것은?

① 개업공인중개사의 전화번호·상호 또는 사무소 소재지
② 거래지분
③ 거래지분 비율
④ 거래대상 부동산 등의 면적
⑤ 거래대상 부동산 등이 다수인 경우 일부 부동산 등의 변경

해설
①은 정정신청사항에 해당한다.

정답 ①

필살키 063 부동산거래신고서 작성방법

부동산거래신고사항에 대한 신고서 작성 시 작성방법에 대한 설명 중 옳은 것(○)과 틀린 것(×)의 연결이 옳게 나열된 것은?

㉠ 법인신고서 등 – 법인주택계약신고서, 주택취득자금 조달 및 입주계획서, 토지취득자금 조달 및 토지이용계획서를 신고서와 함께 제출하는지 여부 등을 표시한다.
㉡ 단독신고 – 단독신고사유서, 부동산거래계약서 사본을 제출한다.
㉢ 계약대상 면적 – 실제 거래면적을 적되, 건축물 면적은 집합건물의 경우 전용면적을 적고, 그 밖의 건축물의 경우 연면적을 적는다.
㉣ 거래대상의 종류가 공급계약(분양) 또는 전매(분양권, 입주권)인 경우 물건별 거래가격 및 총 실제 거래가격에 부가가치세를 제외한 금액을 적는다.
㉤ 거래당사자가 외국인인 경우 거래당사자의 국적을 반드시 적어야 하며, 외국인이 부동산 등을 매수하는 경우 매수용도를 표시해야 한다.
㉥ 종전 부동산 – 분양권 매매의 경우에만 작성하고, 거래금액란에는 추가지급액 및 권리가격, 합계금액, 계약금, 중도금, 잔금을 적는다.

① ㉠(×), ㉡(×), ㉢(○), ㉣(×), ㉤(○), ㉥(○)
② ㉠(○), ㉡(○), ㉢(○), ㉣(×), ㉤(○), ㉥(×)
③ ㉠(×), ㉡(○), ㉢(×), ㉣(×), ㉤(○), ㉥(×)
④ ㉠(○), ㉡(×), ㉢(×), ㉣(○), ㉤(○), ㉥(○)
⑤ ㉠(×), ㉡(×), ㉢(×), ㉣(○), ㉤(○), ㉥(×)

해설
㉣ 부가가치세를 제외한 금액 → 부가가치세를 포함한 금액
㉥ 분양권 매매 → 입주권 매매

정답 ②

필살카 064 주택임대차계약신고(1)

부동산 거래신고 등에 관한 법령상 주택임대차계약의 신고에 관한 설명으로 **틀린** 것은?

① 임대차계약당사자 일방이 임대차신고서에 단독으로 서명 또는 날인한 후 주택임대차계약서(계약서를 작성한 경우), 입금증(계약서를 작성하지 않은 경우), 갱신요구를 행사한 경우 이를 확인할 수 있는 서류를 첨부하여 신고관청에 제출한 경우 공동신고한 것으로 본다.
② 주택임대차계약의 신고지역은 특별자치시·특별자치도·시·군(광역시 및 경기도의 관할 구역에 있는 군으로 한정한다)·구(자치구를 말한다)를 말한다.
③ 임차인이 「주민등록법」에 따라 전입신고를 하는 경우 주택임대차계약의 신고를 한 것으로 본다.
④ 주택에 대하여 보증금이 6천만원을 초과하고 월차임이 30만원을 초과하는 경우 신고대상이 된다.
⑤ 주택임대차신고내용의 검증에 관하여는 부동산거래신고내용의 검증규정을 준용한다.

해설
보증금이 6천만원을 초과하거나 월차임이 30만원을 초과하는 경우 신고대상이 된다.

정답 ④

필살카 065 주택임대차계약신고(2)

부동산 거래신고 등에 관한 법령상 주택임대차계약의 변경 및 해제신고, 정정신청에 관한 설명으로 **틀린** 것은?

① 임대차계약당사자는 주택임대차신고를 한 후 해당 주택임대차계약의 보증금, 차임 등 임대차가격이 변경되거나 해제된 때에는 확정된 날부터 30일 이내에 해당 신고관청에 공동으로 신고하여야 한다.
② 임대차계약당사자는 주택임대신고사항 또는 주택임대차계약 변경신고의 내용이 잘못 적힌 경우에는 신고관청에 신고내용의 정정을 30일 이내에 신청할 수 있다.
③ 일방이 신고를 거부해 단독으로 변경신고를 하려는 자는 임대차변경신고서에 단독으로 서명 또는 날인한 후 단독신고사유서와 주택임대차변경계약서 또는 임대차가격이 변경된 사실을 입증할 수 있는 서류 등을 제출해야 한다.
④ 임대차계약당사자 일방이 임대차변경신고서 또는 해제신고서에 단독으로 서명 또는 날인한 후 주택임대차변경계약서 또는 주택임대차해제합의서 등을 첨부해 신고관청에 제출한 경우에는 임대차계약당사자가 공동으로 제출한 것으로 본다.
⑤ 부동산거래계약시스템을 통해 주택임대차계약을 해제한 경우에는 임대차계약당사자가 공동으로 임대차해제신고서를 제출한 것으로 본다.

해설
30일 이내 → 기간규정이 없다.

정답 ②

필살키 066 외국인 등의 부동산취득신고·허가(1)

부동산 거래신고 등에 관한 법령상 외국인 등의 부동산 취득에 관한 설명으로 **틀린** 것은?

① 외국인 등이 대한민국 안의 부동산에 대하여 매매계약을 체결하였을 때에는 계약체결일부터 30일 이내에 신고관청에 신고하여야 한다.
② 외국인 등이 건축물의 신축·증축·개축·재축 등의 원인으로 대한민국 안의 부동산 등을 취득한 때에는 부동산 등을 취득한 날부터 6개월 이내에 신고관청에 신고하여야 한다.
③ 외국인이 군사기지 및 군사시설보호구역 내의 토지를 취득하려는 경우 토지취득계약을 하기 전에 국토교통부장관으로부터 토지취득의 허가를 받아야 한다.
④ 대한민국 안의 부동산 등을 가지고 있는 대한민국 국민이나 법인 또는 단체가 외국인 등으로 변경된 경우 그 외국인이 부동산 등을 계속 보유하려는 경우에 변경된 날부터 6개월 이내에 신고관청에 신고하여야 한다.
⑤ 신고관청은 군사기지 및 군사시설 보호구역 내의 토지에 관하여 외국인 등으로부터 허가 신청을 받은 경우 30일 이내에 허가 또는 불허가처분을 하여야 한다.

해설
외국인이 군사기지 및 군사시설보호구역 내의 토지를 취득하려는 경우 토지취득계약을 하기 전에 신고관청으로부터 토지취득의 허가를 받아야 한다.

정답 ③

필살키 067 외국인 등의 부동산취득신고·허가(2)

부동산 거래신고 등에 관한 법령상 외국인 등이 국내 부동산을 취득하려는 경우 허가에 관한 설명으로 **틀린** 것은?

① 외국인 등이 사전에 토지취득허가를 요하는 경우 허가를 받지 아니하고 취득하였거나 부정한 방법으로 허가를 받아 계약을 체결한 경우 그 취득 및 계약은 무효이고, 2년 이하의 징역 또는 토지가격의 100분의 30에 해당하는 금액 이하의 벌금형에 처한다.
② 토지취득의 허가를 받으려는 외국인 등은 신청서에 토지거래계약 당사자 간의 합의서를 신고관청에 제출하여야 한다.
③ 신고관청은 관계 행정기관의 장과 협의를 거쳐 외국인 등이 토지를 취득하는 것이 해당 구역·지역 등의 지정목적 달성에 지장을 주지 아니하다고 인정하는 경우에는 허가를 하여야 한다.
④ 신고관청은 외국인 등의 부동산 등 취득에 관한 허가내용을 매분기 종료일부터 1개월 이내에 특별시장·광역시장·도지사 또는 특별자치도지사에게 제출하여야 한다.
⑤ 허가내용을 제출받은 특별시장·광역시장·도지사 또는 특별자치도지사는 제출받은 날부터 1개월 이내에 그 내용을 국토교통부장관에게 제출하여야 한다.

해설
2년 이하의 징역 또는 토지가격의 100분의 30에 해당하는 금액 이하의 벌금형 → 2년 이하의 징역 또는 2천만원 이하의 벌금형

정답 ①

필살키 068 토지거래허가(1)

부동산 거래신고 등에 관한 법령상 토지거래허가제도에 관한 설명으로 틀린 것은?

① 국토교통부장관 또는 시·도지사는 허가구역으로 지정한 때에는 허가구역에 대한 축척 5만분의 1 또는 2만 5천분의 1의 지형도를 공고하여야 한다.
② 허가구역의 지정은 허가구역의 지정을 공고한 날부터 5일 후에 그 효력이 발생한다.
③ 면적을 산정할 때 일단의 토지이용을 위하여 토지거래계약을 체결한 날부터 1년 이내에 일단의 토지 일부에 대하여 토지거래계약을 체결한 경우에는 그 일단의 토지 전체에 대한 거래로 본다.
④ 공공기관이 관련 법령에 따른 개발사업을 시행하는 경우일 것, 해당 지역의 지가변동률 등이 인근지역 또는 전국 평균에 비하여 급격히 상승하거나 상승할 우려가 있는 경우라는 두 조건을 모두 충족하는 경우 시·도지사가 지정할 수 있다.
⑤ 국토교통부장관 또는 시·도지사가 허가구역을 지정할 당시 해당 지역의 거래실태 등을 고려하여 법정면적이 타당하지 아니하다고 인정하는 경우 10% 이상 300% 이하의 범위 내에서 따로 정하여 공고한 경우에는 그에 따른다.

해설
공공기관이 관련 법령에 따른 개발사업을 시행하는 경우일 것, 해당 지역의 지가변동률 등이 인근지역 또는 전국 평균에 비하여 급격히 상승하거나 상승할 우려가 있는 경우라는 두 조건을 모두 충족하는 경우 국토교통부장관이 지정할 수 있다.

정답 ④

필살키 069 토지거래허가(2)

부동산 거래신고 등에 관한 법령상 토지거래허가구역 내에서 도시지역 내의 용도별 일정 면적 이하의 토지는 허가를 요하지 않는다. 다음의 연결 중 틀린 것은?

① 주거지역 − 60m^2
② 상업지역 − 150m^2
③ 공업지역 − 150m^2
④ 녹지지역 − 200m^2
⑤ 미지정구역 − 100m^2

해설
100m^2 → 60m^2

정답 ⑤

필살키 070 토지거래허가(3)

부동산 거래신고 등에 관한 법령상 선매제도와 매수청구에 관한 설명으로 **틀린** 것은?

① 시장·군수 또는 구청장은 허가신청이 있는 경우에는 그 신청이 있는 날부터 1개월 이내에 선매자를 지정하여 토지소유자에게 알려주어야 한다.
② 선매자는 지정통지를 받은 날부터 1개월 이내에 그 토지소유자와 선매협의를 끝내야 한다.
③ 선매자로 지정된 자는 지정통지를 받은 날부터 1개월 이내에 매수가격 등 선매조건을 기재한 서면을 토지소유자에게 통지하여 선매협의를 하여야 한다.
④ 허가신청에 대하여 불허가처분을 받은 자는 그 통지를 받은 날부터 1개월 이내에 시장·군수 또는 구청장에게 해당 토지에 관한 권리의 매수를 청구할 수 있다.
⑤ 매수청구를 받은 시장·군수 또는 구청장은 매수할 자로 하여금 예산의 범위 안에서 공시지가를 기준으로 해당 토지를 매수하게 하여야 한다.

해설
선매자로 지정된 자는 지정통지를 받은 날부터 15일 이내에 매수가격 등 선매조건을 기재한 서면을 토지소유자에게 통지하여 선매협의를 하여야 한다.

정답 ③

필살키 071 토지거래허가(4)

부동산 거래신고 등에 관한 법령상 토지거래허가구역 내에서 허가목적대로 이용하여야 하는 기간의 연결로 **틀린** 것은?

① 자기의 거주용 주택용지 – 2년
② 사업을 시행하고 있는 자가 그 사업에 이용하려는 경우 – 4년
③ 농지 외의 토지를 공익사업용으로 협의양도 후 취득한 대체토지의 경우 – 4년
④ 현상 보존의 목적으로 토지를 취득하려는 경우 – 5년
⑤ 위 ①에서 ④ 이외의 목적의 경우 – 5년

해설
4년 → 2년

정답 ③

필살키 072 토지거래허가(5)

부동산 거래신고 등에 관한 법령상 토지거래허가구역 내의 이행강제금에 관한 설명으로 틀린 것은?

① 토지거래계약허가를 받아 토지를 취득한 자가 직접 이용하지 아니하고 임대한 경우는 토지 취득가액의 100분의 7에 상당하는 금액의 이행강제금이 부과된다.
② 시장·군수 또는 구청장은 최초의 이행명령이 있었던 날을 기준으로 1년에 두 번씩 그 이행명령이 이행될 때까지 반복하여 이행강제금을 부과·징수할 수 있다.
③ 시장·군수 또는 구청장은 토지의 이용의무를 이행하지 아니한 자에 대하여 상당한 기간을 정하여 토지의 이용의무를 이행하도록 명할 수 있다. 이 경우 이행명령은 문서로 하여야 하며, 이행기간은 3개월 이내로 정하여야 한다.
④ 이행강제금 부과처분을 받은 자가 이의를 제기하려는 경우에는 부과처분을 고지받은 날부터 30일 이내에 하여야 한다.
⑤ 시장·군수 또는 구청장은 이행명령을 받은 자가 그 명령을 이행하는 경우에는 새로운 이행강제금의 부과를 즉시 중지하되, 명령을 이행하기 전에 이미 부과된 이행강제금은 징수하여야 한다.

해설
1년에 두 번씩 → 1년에 한 번씩

정답 ②

필살키 073 토지거래허가기준

부동산 거래신고 등에 관한 법령상 토지거래허가구역의 허가기준에 관한 설명으로 틀린 것은?

① 농업인 등으로서 본인이 거주하는 주소지로부터 30km 이내에 소재하는 토지를 농업·축산업·임업 또는 어업을 경영하기 위하여 취득하려는 사람은 허가받을 수 있다.
② 자기의 거주용 주택용지로 이용하려는 경우 토지취득허가를 받을 수 있다.
③ 허가구역을 포함한 지역의 주민을 위한 복지시설 또는 편익시설로서 관할 시장·군수 또는 구청장이 확인한 시설의 설치에 이용하려는 경우 토지취득허가를 받을 수 있다.
④ 공익사업용으로 농지를 협의양도하거나 농지가 수용된 농업인 등으로서 협의양도하거나 수용된 날부터 3년 이내에 협의양도하거나 수용된 농지를 대체하기 위하여 본인이 거주하는 주소지로부터 30km 안에 소재하는 농지를 취득하는 경우 토지취득허가를 받을 수 있다.
⑤ 농업인 등이 아닌 자로서 농업을 영위하기 위하여 토지를 취득하려는 경우 세대원 전원이 해당 토지가 소재하는 지역에 주민으로 등록되어 있어야 하며, 세대원 전원이 실제로 해당 토지가 소재하는 지역에 거주하여야 토지취득허가를 받을 수 있다.

해설
30km → 80km

정답 ④

필살키 074 포상금(부동산 거래신고 등에 관한 법률)

부동산 거래신고 등에 관한 법령상 포상금에 관한 설명으로 틀린 것은?

① 주택임대차신고, 변경 및 해제신고 규정을 위반하여 주택임대차계약의 보증금·차임 등 계약금액을 거짓으로 신고한 자를 신고하거나 고발한 경우 부과되는 과태료의 100분의 20에 해당하는 포상금이 지급된다.
② 부동산 등의 실제 거래가격을 거짓으로 신고한 자에 대한 포상금은 부과되는 과태료의 100분의 20에 해당하는 금액(한도액 1천만원)이 지급된다.
③ 신고대상에 해당하는 계약을 체결하지 아니하였음에도 불구하고 거짓으로 부동산거래신고를 한 자를 신고하거나 고발한 경우 50만원의 포상금이 지급된다.
④ 포상금의 지급에 드는 비용은 시·군이나 구의 재원으로 충당한다.
⑤ 공무원이 직무와 관련하여 발견한 사실을 신고하거나 고발한 경우, 해당 위반행위를 하거나 위반행위에 관여한 자가 신고하거나 고발한 경우 등은 포상금을 지급하지 아니할 수 있다.

해설
신고대상에 해당하는 계약을 체결하지 아니하였음에도 불구하고 거짓으로 부동산거래신고를 한 자를 신고하거나 고발한 경우 부과되는 과태료의 20%에 해당하는 포상금이 지급된다.

정답 ③

PART 13 중개대상물 조사 및 확인

필살키 075 중개대상물 조사·확인

개업공인중개사의 중개대상물 조사·확인에 관한 설명으로 틀린 것은?

① 토지의 소재지, 지목, 지형 및 경계는 토지대장을 통해 확인할 수 있다.
② 판례에 의하면 지적공부상의 경계가 현실의 경계와 다른 경우 특별한 사정이 없는 한 경계는 지적공부상의 경계에 의한다.
③ 용도지역에 관하여는 토지이용계획확인서를 통하여 확인하면 된다.
④ 공유관계에 놓여 있는 부동산에 대하여 매도의뢰를 받은 경우 지분처분인지 공유물처분인지를 확인하고, 지분처분일 경우에는 임의로 처분할 수 있으므로 공유자의 동의 여부는 확인하지 않아도 된다.
⑤ 매매계약을 체결한 후 중도금을 지급한 다음에 매도인의 과실 없이 목적부동산인 건물에 균열이 있는 등 물리적인 하자가 발생한 경우에도 개업공인중개사는 매도인에게 담보책임을 물을 수 있다고 설명하여야 한다.

해설
지형 및 경계는 지적도나 임야도를 통해 확인하여야 한다.

정답 ①

필살키 076 분묘기지권 및 장사 등에 관한 법률(1)

분묘기지권에 관한 판례내용으로 틀린 것은?

① 판례에 의하면 분묘기지권을 시효취득하였더라도 분묘기지권자는 토지소유자가 분묘기지에 관한 지료를 청구하면 그 청구한 날부터 지료를 지급할 의무가 있다.
② 자기소유토지에 분묘를 설치한 사람이 그 토지를 양도하면서 분묘를 이장하겠다는 특약을 하지 않음으로써 분묘기지권을 취득한 경우 특별한 사정이 없는 한 분묘기지권자는 분묘기지권이 성립한 때부터 토지소유자에게 그 분묘의 기지에 대한 토지사용의 대가로서 지료를 지급할 의무가 있다.
③ 분묘기지권은 분묘의 기지뿐만 아니라 분묘의 수호 및 제사에 필요한 주위의 공지를 포함한 지역까지 미친다.
④ 분묘기지권은 그 효력이 미치는 지역의 범위 내에서 또 다른 분묘를 설치할 수 있는 것은 아니다.
⑤ 유골이 존재하여 분묘의 원상회복이 가능하여 일시적인 멸실에 불과한 경우라도 분묘기지권은 소멸한다.

해설
유골이 존재하여 분묘의 원상회복이 가능한 일시적인 멸실에 불과한 경우 분묘기지권은 소멸하지 아니한다.

정답 ⑤

필살키 077 분묘기지권 및 장사 등에 관한 법률(2)

분묘기지권 및 「장사 등에 관한 법률」에 대한 설명으로 **틀린** 것은?

① 공공시설 및 사설묘지 내에 설치하는 분묘의 경우, 합장은 분묘의 1기당(비석 등 시설물 포함) 점유면적은 15m^2 이하로 한다.
② 가족묘지의 면적은 100m^2를 넘지 못한다.
③ 공설묘지 및 사설묘지에 설치된 분묘의 설치기간은 10년으로 한다. 연장을 신청하는 경우 1회에 한하여 그 설치기간을 10년으로 하여 연장하여야 한다.
④ 평장되어 있어 객관적으로 인식할 수 있는 외형을 갖추고 있지 아니한 경우 분묘기지권은 인정되지 않는다.
⑤ 분묘가 멸실된 경우라 하더라도 유골이 존재하여 분묘의 원상회복이 가능한 일시적인 멸실에 불과하다면 분묘기지권은 소멸하지 아니하고 존속한다.

해설
공설묘지 및 사설묘지에 설치된 분묘의 설치기간은 30년으로 한다. 연장을 신청하는 경우 1회에 한하여 그 설치기간을 30년으로 하여 연장하여야 한다.

정답 ③

필살키 078 확인·설명서 작성(1)

개업공인중개사는 주거용 중개대상물 확인·설명서(Ⅰ)를 작성하면서 '내·외부시설물의 상태'에 관한 사항을 기재하고 있다. 다음 중 이에 해당되는 내용이 **아닌** 것은?

① 주차장
② 가정자동화시설(Home Automation 등)
③ 소방(단독경보형감지기)
④ 가스(취사용)
⑤ 난방방식 및 연료공급

해설
주차장은 기본확인사항 중 입지조건에 해당한다.

정답 ①

필살키 079 확인·설명서 작성(2)

공인중개사법령상 중개대상물 확인·설명서(I) 기재사항의 분류상 개업공인중개사 간의 세부확인사항에 속하지 <u>않는</u> 것은?

① 실제 권리관계 또는 공시되지 않은 물건의 권리사항
② 임대차확인사항
③ 벽면·바닥면 및 도배 상태
④ 난방방식 및 연료공급
⑤ 일조량, 소음, 진동

해설
임대차확인사항은 <u>기본확인사항</u>에 해당한다.

정답 ②

필살키 080 확인·설명서 작성(3)

중개대상물 확인·설명서(II)(비주거용 건축물)의 주요 기재사항을 나타낸 것으로 <u>틀린</u> 것은?

① 현장안내: 현장안내자 해당 여부 기재
② 입지조건: 도로, 대중교통, 주차장 등
③ 내·외부시설물의 상태: 수도, 전기, 가스(취사용), 소방, 난방방식 및 연료공급, 승강기, 배수, 그 밖의 시설물
④ 대상물건의 표시(건축물): 전용면적, 대지지분, 준공연도, 용도, 구조, 방향 등
⑤ 취득 시 부담할 조세의 종류 및 세율: 취득세, 농어촌특별세, 지방교육세 등

해설
현장안내에 관한 사항의 기재는 <u>중개대상물 확인·설명서(I) (주거용 건축물)</u>의 기재사항이다.

정답 ①

필살키 081 확인·설명서 작성(4)

다음 중 주거용 건축물의 확인·설명서상 매도(임대)의뢰인 등에게 자료를 요구하여 기재하는 사항으로 볼 수 없는 것은?

① 실제 권리관계 또는 공시되지 않은 물건의 권리사항
② 수도, 전기, 가스 등 시설물의 상태에 관한 사항
③ 승강기, 배수, 그 밖의 시설물의 상태에 관한 사항
④ 벽면·바닥면 및 도배의 상태에 관한 사항
⑤ 일조, 소음, 진동 등의 환경조건에 관한 사항

해설
실제 권리관계 또는 공시되지 않은 물건의 권리사항은 매도(임대) 의뢰인이 고지한 사항을 적는다.

정답 ①

필살키 082 확인·설명서 작성(5)

확인·설명서(I)의 작성방법에 관한 설명으로 틀린 것은?

① 관리비는 직전 1년간 월평균 관리비 등을 기초로 산출한 총 금액을 적는다.
② 최우선변제금은 근저당권 등 선순위 담보물권 설정 당시의 소액임차인 범위 및 최우선변제금액을 기준으로 한다.
③ 실제 권리관계 또는 공시되지 않은 물건의 권리사항은 매도(임대)의뢰인이 고지한 사항(법정지상권, 유치권, 임대차, 조각물 및 정원수, 계약 전 소유권변동 여부, 도로점용허가 여부 및 권리·의무 승계대상 여부 등)을 적는다.
④ 대상물건에 공동담보가 설정되어 있는 경우에는 공동담보목록 등을 확인하여 공동담보의 채권최고액 등 해당 중개 물건의 권리관계를 명확히 적고 설명해야 한다.
⑤ 개업공인중개사 기본확인사항은 개업공인중개사가 매도(임대)의뢰인에게 자료를 요구하여 확인한 사항을 적는다.

해설
개업공인중개사 기본확인사항은 개업공인중개사가 확인하여 기재한다.

정답 ⑤

필살키 083 확인·설명서 작성(6)

확인·설명서(II)의 작성방법에 관한 설명으로 틀린 것은?

① 세부확인사항에 실제 권리관계 또는 공시되지 않은 물건의 권리사항, 내·외부시설물의 상태, 벽면·바닥면 및 도배 상태, 환경조건에 관한 사항을 적는다.
② 입지조건에 관한 사항에는 도로와의 관계, 대중교통, 주차장이 기재된다.
③ 관리에 관한 사항도 기재된다.
④ 취득 시 부담할 조세의 종류 및 세율의 내용으로 재산세와 종합부동산세는 6월 1일 기준 대상물건의 소유자가 납세의무를 부담한다.
⑤ 비선호시설, 환경조건에 관한 사항은 기재사항에 포함되지 않는다.

해설
도배 상태, 환경조건에 관한 사항은 기재되지 않는다.

정답 ①

필살키 084 확인·설명서 작성(7)

중개대상물의 종류와 관계없이 모든 중개대상물 확인·설명서에 공통적으로 기재되는 사항이 아닌 것은?

① 대상물건의 표시, 권리관계
② 실제 권리관계 또는 공시되지 않은 물건의 권리사항
③ 중개보수
④ 취득 시 부담할 조세의 종류 및 세율
⑤ 관리에 관한 사항

해설
관리에 관한 사항은 확인·설명서(Ⅰ)·(Ⅱ)에는 기재되지만, 확인·설명서(Ⅲ)·(Ⅳ)에는 기재되지 않는다.

정답 ⑤

PART 14 개별적 중개실무

필살키 085 부동산 전자계약

부동산거래 전자계약시스템에 관한 설명으로 틀린 것은?

① 매매계약을 체결한 경우 실거래가 자동신고되며, 신고의무 면제 및 신고필증이 자동으로 발급된다.
② 임대차계약을 체결한 경우 임차인의 신청 및 주민센터에의 방문 없이도 알아서 확정일자가 부여된다.
③ 등기수수료(전세권설정, 소유권이전)가 할인되며, 부동산서류발급이 최소화(건축물대장, 토지대장 등 발급면제)된다.
④ 위·변조 및 부실한 확인·설명방지 및 무자격·무등록자의 불법 중개행위의 차단을 기대할 수 있다.
⑤ 도장 없이 계약이 가능하지만 거래계약서는 일정기간 보존해야 한다.

해설
부동산거래 전자계약시스템을 이용한 경우 거래계약서, 확인·설명서 등은 일정기간 보존이 불필요하다.

정답 ⑤

필살키 086 부동산 실권리자명의 등기에 관한 법률(1)

신탁자 甲과 수탁자 乙 간 명의신탁약정을 한 뒤 신탁자가 수탁자에게 자금을 지원하여 수탁자가 매도인 丙(甲과 乙 사이에 명의신탁약정 사실을 모름)과 매매계약을 체결하여 소유권이전등기가 乙의 명의로 경료된 뒤 乙이 丁과 매매계약을 체결, 丁이 소유권이전등기를 경료하였다. 이에 관한 설명으로 옳은 것은?

① 수탁자 乙과 매수인 丁 간의 매매계약은 유효하고, 丁이 명의신탁약정 사실을 알았다면 丁은 소유권을 취득할 수 없다.
② 丁의 명의로 경료된 소유권이전등기의 효력은 유효하지만, 신탁자 甲은 丁에게 소유권을 주장할 수 있다.
③ 乙의 처분행위는 횡령죄로 처벌된다.
④ 신탁자 甲과 수탁자 乙 간 명의신탁약정의 효력, 乙의 명의로 경료된 소유권이전등기의 효력 모두 무효이다.
⑤ 乙은 3년 이하의 징역이나 1억원 이하의 벌금에 처해진다.

해설
① 소유권을 취득할 수 있다.
② 소유권을 주장할 수 없다.
③ 횡령죄로 처벌되지 않는다.
④ 명의신탁약정의 효력은 무효이지만, 소유권이전등기의 효력은 유효이다.

정답 ⑤

필살키 087 부동산 실권리자명의 등기에 관한 법률(2)

甲은 乙과 乙 소유의 X부동산의 매매계약을 체결하고, 친구 丙과의 명의신탁약정에 따라 乙로부터 바로 丙 명의로 소유권이전등기를 하였다. 이와 관련하여 개업공인중개사가 甲과 丙에게 설명한 내용으로 옳은 것을 모두 고른 것은? (다툼이 있으면 판례에 따름)

> ㉠ 丙이 X부동산을 제3자 丁에게 처분한 경우 丙은 甲과의 관계에서 횡령죄가 성립한다.
> ㉡ 丙으로부터 X부동산을 취득한 제3자 丁이 명의신탁약정 사실을 알았다면 丁은 소유권을 취득할 수 없다.
> ㉢ 甲과 丙 간의 명의신탁약정 및 그 등기는 유효하다.
> ㉣ 甲과 乙 사이에 매매계약은 유효하므로 甲은 乙을 상대로 소유권이전등기를 청구할 수 있다.

① ㉢
② ㉣
③ ㉠, ㉢
④ ㉠, ㉣
⑤ ㉡, ㉢

해설
㉠ 횡령죄가 성립하지 않는다.
㉡ 소유권을 취득할 수 있다.
㉢ 유효 → 무효

정답 ②

필살키 088 주택임대차보호법 및 상가건물 임대차보호법(1)

「주택임대차보호법」상의 계약갱신요구권에 관한 설명으로 <u>틀린</u> 것은?

① 임차인이 2기의 차임액에 해당하는 금액에 이르도록 차임을 연체한 경우 임대인은 임차인의 계약갱신요구를 거절할 수 있다.
② 임대인(임대인의 직계존속·직계비속을 포함한다)이 목적 주택에 실제 거주하려는 경우 임대인은 임차인의 계약갱신요구를 거절할 수 있다.
③ 임차인의 계약갱신요구권은 1회에 한하여 행사할 수 있다. 이 경우 갱신되는 임대차의 존속기간은 2년으로 본다.
④ 임차인이 임차한 주택의 전부 또는 일부를 고의나 과실로 파손한 경우 임대인은 임차인의 계약갱신요구를 거절할 수 있다.
⑤ 증액의 청구는 약정한 차임이나 보증금의 20분의 1의 금액을 초과하지 못한다.

해설
임차인이 임차한 주택의 전부 또는 일부를 고의나 중대한 과실로 파손한 경우 임대인은 임차인의 계약갱신요구를 거절할 수 있다.

정답 ④

필살키 089 주택임대차보호법 및 상가건물 임대차보호법(2)

「주택임대차보호법」에 관한 설명으로 틀린 것은?

① 임차인이 임차주택에 대하여 보증금반환청구소송의 확정판결 기타 이에 준하는 집행권원에 기한 경매를 신청하는 경우에는 반대의무의 이행 또는 이행의 제공을 집행개시의 요건으로 하지 아니한다.
② 주택이 경매로 매각된 후 임차인이 우선변제권의 행사로 보증금을 반환받기 위해서는 주택을 먼저 경락인(낙찰자)에게 인도하여야 한다.
③ 임차권등기명령의 집행에 의해 임차권등기가 경료되면 임차인은 대항력 및 우선변제권을 취득하며, 이후부터는 대항요건을 상실하여도 종전에 취득한 대항력 및 우선변제권은 계속 유지된다.
④ 임차인이 대항요건을 갖추고 수일 후 확정일자를 받은 일자와 저당권설정등기일이 같은 경우 임차인이 우선한다.
⑤ 차임의 증액에 관한 규정은 임대차계약이 종료된 후 재계약을 하는 경우에는 적용되지 않는다.

해설
임차인이 대항요건을 갖추고 수일 후 확정일자를 받은 일자와 저당권설정등기일이 같은 경우 임차인과 저당권자는 동순위이다.

정답 ④

필살키 090 주택임대차보호법 및 상가건물 임대차보호법(3)

「상가건물 임대차보호법」상의 권리금 관련 설명으로 틀린 것은 모두 몇 개인가?

㉠ 임대인은 임대차기간이 끝나기 6개월 전부터 1개월 전까지 사이에 임차인이 신규임차인에게 권리금을 지급받는 행위를 방해하여서는 안 된다.
㉡ 임대차목적물인 상가건물을 1년 이상 영리목적으로 사용하지 아니한 경우에 임대인은 임차인이 주선한 신규임차인이 되려는 자와 임대차계약을 체결하는 행위를 거절할 수 있다.
㉢ 임대인에게 임차인이 손해배상을 청구하는 경우 3년 이내에 행사하지 않으면 시효의 완성으로 소멸한다.
㉣ 임대차의 목적물인 상가건물이 「국유재산법」에 따른 국유재산 또는 「공유재산 및 물품관리법」에 따른 공유재산인 경우에도 권리금 규정은 적용된다.
㉤ 임차인의 차임연체액이 3기에 달하는 때에는 임대인은 계약을 해지할 수 있다.

① 1개 ② 2개
③ 3개 ④ 4개
⑤ 5개

해설
틀린 것은 ㉠㉡㉣로 3개이다.
㉠ 6개월 전부터 1개월 전까지 → 6개월 전부터 임대차 종료 시까지
㉡ 1년 이상 → 1년 6개월 이상
㉣ 권리금 규정은 적용되지 않는다.

정답 ③

필살키 091 주택임대차보호법 및 상가건물 임대차보호법(4)

「상가건물 임대차보호법」상 대통령령에 규정된 금액(환산보증금)을 초과하는 경우에 관한 설명으로 틀린 것은 모두 몇 개인가?

> ㉠ 대항요건을 갖추고 관할 세무서장으로부터 임대차계약서상의 확정일자를 받은 임차인은 경매 또는 공매 시 환가대금에서 후순위권리자나 그 밖의 채권자보다 우선하여 보증금을 변제받을 권리가 있다.
> ㉡ 임차권등기명령의 집행에 따른 임차권등기를 마치면 임차인은 대항력과 확정일자에 의한 우선변제권을 취득한다.
> ㉢ 소액임차인은 보증금 중 일정액을 다른 선순위담보권자나 기타 채권자보다 우선하여 변제받을 권리가 있다.
> ㉣ 임대인과 임차인이 계약기간을 정하지 않은 경우 그 기간을 1년으로 본다.
> ㉤ 법무부장관은 국토교통부장관과 협의를 거쳐 보증금, 차임액, 임대차기간, 수선비 분담 등의 내용이 기재된 상가건물임대차표준계약서를 정하여 그 사용을 권장할 수 있다.
> ㉥ 상가건물의 양수인(그 밖에 임대할 권리를 승계한 자를 포함)은 임대인의 지위를 승계한 것으로 본다.
> ㉦ 임대인의 동의를 받고 전대차계약을 체결한 전차인은 임차인의 계약갱신요구권 행사기간 범위 내에서 임차인을 대위하여 임대인에게 계약갱신요구권을 행사할 수 있다.
> ㉧ 임차인의 차임연체액이 3기의 차임액에 달하는 때에는 임대인은 계약을 해지할 수 있다.

① 2개 ② 3개
③ 4개 ④ 5개
⑤ 6개

해설

틀린 것은 ㉠㉡㉢㉣로 4개이다.
㉠ 우선하여 보증금을 변제받을 권리가 없다.
㉡ 임차인은 대항력과 확정일자에 의한 우선변제권을 취득하지 못한다.
㉢ 우선하여 변제받을 권리가 없다.
㉣ 임대인과 임차인이 계약기간을 정하지 않은 경우 최단존속기간 규정은 적용되지 않는다.

정답 ③

필살키 092 민사집행법(경매)(1)

「민사집행법」에 의한 경매에 관한 설명으로 틀린 것은?

① 임의경매란 저당권이나 질권, 전세권 등 담보물권 실행과 「가등기담보 등에 관한 법률」에 의한 담보가등기 등을 위한 강제적 환가방법을 의미한다.
② 강제경매란 집행력 있는 집행권원을 가진 채권자의 신청에 의하여 채무자의 소유재산을 압류·환가한 금액으로 집행권원에 표시된 사법상의 이행청구권을 실현하기 위하여 「민사집행법」에 따라 부동산 등을 매각하는 강제환가절차를 의미한다.
③ 매각허가결정에 항고를 하고자 하는 사람은 보증으로 매각대금의 10분의 1에 해당하는 금전 또는 법원이 인정한 유가증권을 공탁하여야 한다.
④ 새매각이란 경매를 실시했으나 경매기일에 허가할 매수가격의 신고가 없는 때, 경매절차상 하자가 있는 때, 그리고 매각기일변경으로 인하여 새로운 경매 날짜를 정하여 실시되는 경매를 의미한다.
⑤ 재매각이란 최고가매수신고인이 경매조건에 정한 매각대금 납부기한 내에 매각대금을 지불하지 않고 차순위매수신고인이 없는 때에만 법원이 직권으로 실시하는 경매를 의미한다.

해설
재매각이란 최고가매수신고인이 경매조건에 정한 매각대금 납부기한 내에 매각대금을 지불하지 않고 차순위매수신고인이 없는 경우, 차순위매수신고인이 있지만 대금납부를 하지 아니한 경우에 법원이 직권으로 실시하는 경매를 의미한다.

정답 ⑤

필살키 093 민사집행법(경매)(2)

「민사집행법」상 경매에 관한 설명으로 틀린 것은?

① 소유권이전청구권 보전을 위한 가등기는 근저당권보다 선순위로 설정된 경우 소멸한다.
② 기일입찰에서 매수신청의 보증금액은 최저매각가격의 10분의 1로 한다.
③ 경매목적물이 농지인 경우 매각허가·불허가 결정일까지 농지취득자격증명서를 제출하여야 한다.
④ 저당권, 근저당권, 압류, 가압류, 담보가등기는 매각으로 언제나 소멸한다.
⑤ 매수인은 경매개시결정등기 전의 유치권자에게 그 유치권으로 담보하는 채권을 변제할 책임이 있다.

해설
소유권이전청구권 보전을 위한 가등기는 근저당권보다 선순위로 설정된 경우 소멸되지 않는다.

정답 ①

필살키 094 민사집행법(경매)(3)

「민사집행법」에 근거한 법원경매절차 등에 관한 설명으로 틀린 것은?

① 채권자들은 매각결정기일이 아니라 첫 매각기일 이전으로 법원이 정하여 공고하는 날까지 배당요구를 하여야 한다.
② 차순위매수신고인의 경우 최저매각가격에서 입찰보증금을 뺀 금액을 넘어야 가능하다.
③ 배당요구의 철회로 인하여 매수인이 부담하여야 할 내용이 변경되는 경우에는 채권자는 배당요구를 철회하지 못한다.
④ 매각으로 인하여 말소되는 임차인은 경매신청 등기 이전부터 당해 주택의 점유를 개시하였어도 매수인은 그 자에 대하여 인도명령신청을 할 수 있다.
⑤ 대금납부기한제도로 인하여 매수인은 그 대금납부기한 내에 언제라도 매각대금이 마련되면 법원에 대금을 납부하고 소유권을 취득할 수 있다.

해설
최저매각가격 → 최고가매수신고액

정답 ②

필살키 095 민사집행법(경매)(4)

법원경매의 절차 등에 관한 설명으로 틀린 것은?

① 경매신청이 취하되면 압류의 효력은 소멸한다.
② 부동산의 매각은 호가경매, 기일입찰 또는 기간입찰의 세 가지 방법 중 집행법원이 정한 방법에 의한다.
③ 집행법원이 대금납부기한을 지정한 경우 낙찰자가 대금을 납부기한의 종기 이전에 납부하더라도 소유권을 취득하게 되는 시기는 종기이다.
④ 공유자가 매각기일까지 최고매수신고가격과 동일한 가격으로 채무자의 지분으로 우선매수하겠다고 신고를 하였을 경우 법원은 최고가매수신고가 있더라도 그 공유자에게 매각을 허가하여야 한다.
⑤ 종전의 소유자·채무자뿐만 아니라 낙찰자에게 대항할 수 없는 권리자가 부동산을 인도하지 않으면 법원에 인도명령신청을 하여 인도받을 수 있으나, 대금 납부 후 6개월이 지나면 인도명령을 신청할 수 없다.

해설
최고가매수신고인은 매각대금을 완납한 때에 경매의 목적인 권리를 확정적으로 취득한다.

정답 ③

필살키 096 민사집행법(경매)(5)

서울특별시 소재 다가구주택에 대하여 다음의 내용을 보고 권리분석을 하였다. 다음 설명 중 **틀린** 것은? (주택 경락가격은 3억원이며, 최우선변제금액은 1억 6,500만원 이하의 경우 5,500만원까지 최우선변제됨, 당해세와 경매비용은 고려하지 않음)

권리순위	권리자 및 권리내용			
1	H은행 근저당	2025.6.7. 설정	채권액	1억 5천만원
2	甲 임대차	2025.9.7. 주택인도, 전입신고	임차보증금	1억원
		2025.11.7. 확정일자		
3	乙 임대차	2025.10.7. 주택인도, 전입신고	임차보증금	9,000만원
		2025.10.20. 확정일자		
4	丙 저당권	2025.10.17. 설정(경매실행)	채권액	5,000만원

① 甲·乙은 소액임차인에 해당하므로 H은행 근저당권자보다 우선하여 5,500만원을 배당받는다.
② H은행 근저당권자는 주택이 3억원에 낙찰된 경우 채권액 전액을 배당받을 수 있다.
③ 丙 저당권자는 채권액 4,000만원을 배당받을 수 있다.
④ 乙 임차인은 확정일자를 甲보다 먼저 받았지만 추가배당을 받을 수 없다.
⑤ 임차인 甲·乙의 소액임차인 해당 여부는 경매실행권자인 丙 저당권자의 저당권설정일을 기준으로 한다.

해설
임차인 甲·乙의 소액임차인 해당 여부는 H은행 근저당권자의 저당권설정일을 기준으로 한다.

정답 ⑤

필살키 097 매수신청대리인 등록의 규칙 및 예규(1)

매수신청대리인 등록 등에 관한 내용으로 **틀린** 것은?

① 민사집행절차에서 매각에 관하여 유죄판결을 받고 2년이 지나지 아니한 자는 결격사유에 해당한다.
② 매수신청대리인으로 등록한 개업공인중개사는 동일 부동산에 대하여 이해관계가 다른 2인 이상의 대리인이 되는 행위를 할 수 없다.
③ 개업공인중개사는 매수신청대리행위를 함에 있어서 매각장소 또는 집행법원에 직접 출석하여야 한다.
④ 보수의 지급시기에 관하여 약정이 없는 때에는 매각대금의 지급기한일로 한다.
⑤ 개업공인중개사가 매수신청대리의 위임을 받은 경우 항고제기, 인도명령, 명도소송, 매각대금납부, 매각기일연기신청 등의 업무를 할 수 있다.

해설
항고제기, 인도명령, 명도소송, 매각대금납부, 매각기일연기신청 등은 대리업무범위에 해당하지 않는다.

정답 ⑤

필살키 098 매수신청대리인 등록의 규칙 및 예규(2)

중개법인의 중개사무소의 등록과 매수신청대리 등록에 관한 설명으로 **틀린** 것은?

① 중개사무소의 개설등록은 등록신청 후 7일 이내에, 매수신청대리 등록은 14일 이내에 등록처분을 하여야 한다.
② 중개사무소의 개설등록은 대표자를 포함한 임원·사원 전원이 등록신청일 전 1년 이내에 실시하는 실무교육을 받아야 하지만, 매수신청대리 등록의 경우는 대표자만 등록신청일 전 1년 이내에 실무교육을 받으면 된다.
③ 중개법인은 업무개시 전에 4억원 이상의 업무보증을 설정하여야 하며, 이와는 별개로 매수신청대리 등록의 경우도 등록신청 전에 4억원 이상의 업무보증을 설정하여야 한다.
④ 중개사무소의 개설등록 후 작성하는 확인·설명서는 3년간 보존하여야 하지만, 매수신청대리 등록 후 작성하는 확인·설명서는 5년간 보존하여야 한다.
⑤ 중개업무의 중개대상물의 범위와 대리업무의 대상물의 범위는 다르다.

해설
중개업무의 중개대상물의 범위와 대리업무의 대상물의 범위는 동일하다.

정답 ⑤

필살키 099 매수신청대리인 등록의 규칙 및 예규(3)

매수신청대리인 등록에 대한 설명으로 틀린 것은?

① 개업공인중개사는 위임계약을 체결한 경우 확인·설명 사항을 서면으로 작성하여 위임인에게 교부하고, 그 사본을 사건카드에 철하여 5년간 보존하여야 한다.
② 매수신청대리 업무의 정지처분을 받을 수 있는 기간은 1개월 이상 6개월 이하의 범위이다.
③ 개업공인중개사가 중개업을 휴업한 경우 지방법원장은 매수신청대리 업무를 정지하는 처분을 하여야 한다.
④ 매수신청대리인으로 등록을 신청하고자 하는 개업공인중개사는 매수신청대리인 등록을 신청하기 전에 위임인에 대한 손해배상책임을 보장하기 위하여 업무보증을 설정하여야 한다.
⑤ 개업공인중개사는 매수신청대리를 위임받은 경우 매수신청대리 대상물의 경제적 가치, 매수인이 부담 및 인수하여야 하는 권리 등에 관하여 위임인에게 설명하여야 한다.

해설
1개월 이상 6개월 이하 → 1개월 이상 2년 이하

정답 ②

필살키 100 집합건물의 소유 및 관리에 관한 법률

개업공인중개사가 집합건물을 매수하려는 의뢰인에게 「집합건물의 소유 및 관리에 관한 법률」에 관하여 설명한 것으로 틀린 것은?

① 일부의 구분소유자만이 공용하도록 제공되는 것이 명백한 공용부분은 그들 구분소유자의 공유에 속한다.
② 전유부분이 속하는 1동 건물의 설치 또는 보존의 흠으로 인하여 다른 자에게 손해를 입힌 경우에는 그 흠은 전유부분에 존재하는 것으로 추정한다.
③ 공용부분의 공유자가 공용부분에 관하여 다른 공유자에 대하여 가지는 채권은 그 특별승계인에 대하여도 행사할 수 있다.
④ 공용부분에 대한 공유자의 지분은 그가 가지는 전유부분의 처분에 따른다.
⑤ 소유자가 기존 건물에 증축을 하고 기존 건물에 마쳐진 등기를 증축한 건물의 현황과 맞추어 1동의 건물로서 증축으로 인한 건물표시변경등기를 마친 경우, 그 증축부분에 대해서는 구분소유권이 성립하지 않는다.

해설
전유부분이 속하는 1동 건물의 설치 또는 보존의 흠으로 인하여 다른 자에게 손해를 입힌 경우에는 그 흠은 <u>공용부분</u>에 존재하는 것으로 추정한다.

정답 ②

에듀윌이 너를 지지할게

ENERGY

삶의 순간순간이
아름다운 마무리이며
새로운 시작이어야 한다.

– 법정 스님

MEMO

MEMO

MEMO

2025 에듀윌 공인중개사 임선정 필살키

발 행 일	2025년 8월 18일 초판
편 저 자	임선정
펴 낸 이	양형남
펴 낸 곳	(주)에듀윌
I S B N	979-11-360-3819-7
등록번호	제25100-2002-000052호
주 소	08378 서울특별시 구로구 디지털로34길 55 코오롱싸이언스밸리 2차 3층

* 이 책의 무단 인용·전재·복제를 금합니다.

www.eduwill.net
대표전화 1600-6700

**여러분의 작은 소리
에듀윌은 크게 듣겠습니다.**

본 교재에 대한 여러분의 목소리를 들려주세요.
공부하시면서 어려웠던 점, 궁금한 점,
칭찬하고 싶은 점, 개선할 점, 어떤 것이라도 좋습니다.

에듀윌은 여러분께서 나누어 주신 의견을
통해 끊임없이 발전하고 있습니다.

에듀윌 도서몰 book.eduwill.net
- 부가학습자료 및 정오표: 에듀윌 도서몰 → 도서자료실
- 교재 문의: 에듀윌 도서몰 → 문의하기 → 교재(내용, 출간) / 주문 및 배송

에듀윌 **직영학원**에서 합격을 수강하세요

언제나 전문 학습 매니저와 상담이 가능한 안내데스크

고품질 영상 및 음향 장비를 갖춘 최고의 강의실

재충전을 위한 카페 분위기의 아늑한 휴게실

에듀윌의 상징 노란색의 환한 학원 입구

에듀윌 직영학원 대표전화

공인중개사 학원 02)815-0600	공무원 학원 02)6328-0600	편입 학원 02)6419-0600
주택관리사 학원 02)815-3388	소방 학원 02)6337-0600	부동산아카데미 02)6736-0600
전기기사 학원 02)6268-1400		

공인중개사학원 바로가기

합격하고 꼭 해야 할 것 1

에듀윌 공인중개사
동문회 특권

1. 에듀윌 공인중개사 합격자 모임

2. 성공 DREAM 지원금 가입 자격 부여

3. 동문회 인맥북
업계 최대 네트워크

4. 개업 축하 선물

5. 온라인 커뮤니티
부동산 정보 실시간 공유

6. 오프라인 커뮤니티
지부/기수 정기모임

7. 공인중개사 취업박람회

8. 동문회 주최 실무 특강

9. 프리미엄 복지혜택
숙박/자기계발/의료 및 소식지 무료 구독

10. 마이오피스
동문 사무소 등록/조회

11. 동문회와 함께하는 사회공헌활동

※ 성공 DREAM 지원금 신청은 에듀윌 공인중개사 VVIP 프리미엄 성공패스 수강 후 2027년까지 공인중개사 최종 합격자에 한해 가능합니다. (상세 내용 홈페이지 유의사항 확인 필수)
※ 본 특권은 회원별로 상이하며, 예고 없이 변경될 수 있습니다.

에듀윌 공인중개사 동문회 | dongmun.eduwill.net
문의 | 1600-6700

합격하고 꼭 해야 할 것 2

에듀윌 부동산 아카데미 강의 듣기

성공 창업의 필수 코스
부동산 창업 CEO 과정

1 튼튼 창업 기초
- 창업 입지 컨설팅
- 중개사무 문서작성
- 성공 개업 실무TIP

2 중개업 필수 실무
- 온라인 마케팅
- 세금 실무
- 토지/상가 실무
- 재개발/재건축

3 실전 Level-Up
- 계약서작성 실습
- 중개영업 실무
- 사고방지 민법실무
- 빌딩 중개 실무
- 부동산경매

4 부동산 투자
- 시장 분석
- 투자 정책

부동산으로 성공하는
컨설팅 전문가 3대 특별 과정

마케팅 마스터
- 데이터 분석
- 블로그 마케팅
- 유튜브 마케팅
- 실습 샘플 파일 제공

디벨로퍼 마스터
- 부동산 개발 사업
- 유형별 절차와 특징
- 토지 확보 및 환경 분석
- 사업성 검토

빅데이터 마스터
- QGIS 프로그램 이해
- 공공데이터 분석 및 활용
- 컨설팅 리포트 작성
- 토지 상권 분석

경매의 神과 함께 '중개'에서
'경매'로 수수료 업그레이드

- 공인중개사를 위한 경매 실무
- 투자 및 중개업 분야 확장
- 고수들만 아는 돈 되는 특수 물권
- 이론(기본) - 이론(심화) -
  임장 3단계 과정
- 경매 정보 사이트 무료 이용

실전 경매의 神
안성선
이주왕
장석태

에듀윌 부동산 아카데미 | uland.eduwill.net
문의 | 온라인 강의 1600-6700, 학원 강의 02)6736-0600

꿈을 현실로 만드는
에듀윌

DREAM

공무원 교육
- 선호도 1위, 신뢰도 1위! 브랜드만족도 1위!
- 합격자 수 2,100% 폭등시킨 독한 커리큘럼

자격증 교육
- 9년간 아무도 깨지 못한 기록 합격자 수 1위
- 가장 많은 합격자를 배출한 최고의 합격 시스템

직영학원
- 검증된 합격 프로그램과 강의
- 1:1 밀착 관리 및 컨설팅
- 호텔 수준의 학습 환경

종합출판
- 온라인서점 베스트셀러 1위!
- 출제위원급 전문 교수진이 직접 집필한 합격 교재

어학 교육
- 토익 베스트셀러 1위
- 토익 동영상 강의 무료 제공

콘텐츠 제휴·B2B 교육
- 고객 맞춤형 위탁 교육 서비스 제공
- 기업, 기관, 대학 등 각 단체에 최적화된 고객 맞춤형 교육 및 제휴 서비스

부동산 아카데미
- 부동산 실무 교육 1위!
- 상위 1% 고소득 창업/취업 비법
- 부동산 실전 재테크 성공 비법

학점은행제
- 99%의 과목이수율
- 17년 연속 교육부 평가 인정 기관 선정

대학 편입
- 편입 교육 1위!
- 최대 200% 환급 상품 서비스

국비무료 교육
- '5년우수훈련기관' 선정
- K-디지털, 산대특 등 특화 훈련과정
- 원격국비교육원 오픈

에듀윌 교육서비스 **공무원 교육** 9급공무원/소방공무원/계리직공무원 **자격증 교육** 공인중개사/주택관리사/손해평가사/감정평가사/노무사/전기기사/경비지도사/검정고시/소방설비기사/소방시설관리사/사회복지사1급/대기환경기사/수질환경기사/건축기사/토목기사/직업상담사/전기기능사/산업안전기사/건설안전기사/위험물산업기사/위험물기능사/유통관리사/물류관리사/행정사/한국사능력검정/한경TESAT/매경TEST/KBS한국어능력시험/실용글쓰기/IT자격증/국제무역사/무역영어 **어학 교육** 토익 교재/토익 동영상 강의 **세무/회계** 전산세무회계/ERP정보관리사/재경관리사 **대학 편입** 편입 영어·수학/연고대/의약대/경찰대/논술/면접 **직영학원** 공무원학원/소방학원/공인중개사 학원/주택관리사 학원/전기기사 학원/편입학원 **종합출판** 공무원·자격증 수험교재 및 단행본 **학점은행제** 교육부 평가인정기관 원격평생교육원(사회복지사2급/경영학/CPA) **콘텐츠 제휴·B2B 교육** 교육 콘텐츠 제휴/기업 맞춤 자격증 교육/대학취업역량 강화 교육 **부동산 아카데미** 부동산 창업CEO/부동산 경매 마스터/부동산 컨설팅 **주택취업센터** 실무 특강/실무 아카데미 **국비무료 교육(국비교육원)** 전기기능사/전기(산업)기사/소방설비(산업)기사/IT(빅데이터/자바프로그램/파이썬)/게임그래픽/3D프린터/실내건축디자인/웹퍼블리셔/그래픽디자인/영상편집(유튜브) 디자인/온라인 쇼핑몰광고 및 제작(쿠팡, 스마트스토어)/전산세무회계/컴퓨터활용능력/ITQ/GTQ/직업상담사

교육문의 1600-6700 www.eduwill.net

·2022 소비자가 선택한 최고의 브랜드 공무원·자격증 교육 1위 (조선일보) ·2023 대한민국 브랜드만족도 공무원·자격증·취업·학원·편입·부동산 실무 교육 1위 (한경비즈니스) ·2017/2022 에듀윌 공무원 과정 최종 환급자 수 기준 ·2023년 성인 자격증, 공무원 직영학원 기준 ·YES24 공인중개사 부문, 2025 에듀윌 공인중개사 1차 기출응용 예상문제집 민법 및 민사특별법 (2025년 6월 월별 베스트) ·교보문고 취업/수험서 부문, 2020 에듀윌 농협은행 6급 NCS 직무능력평가+실전모의고사 4회 (2020년 1월 27일~2월 5일, 인터넷 주간 베스트) 그 외 다수 ·YES24 컴퓨터활용능력 부문, 2024 컴퓨터활용능력 1급 필기 초단기끝장(2023년 10월 3~4주 주별 베스트) 그 외 다수 ·YES24 신규 자격증 부문, 2024 에듀윌 데이터분석 준전문가 ADsP 2주끝장 (2024년 4월 2주, 9월 5주 주별 베스트) ·인터파크 자격서/수험서 부문, 에듀윌 한국사능력검정시험 2주끝장 심화 (1, 2, 3급) (2020년 6-8월 월간 베스트) 그 외 다수 ·YES24 국어 외국어 사전 영어 토익/TOEIC 기출문제/모의고사 분야 베스트셀러 1위 (에듀윌 토익 READING RC 4주끝장 리딩 종합서, 2022년 9월 4주 주별 베스트) ·에듀윌 토익 교재 입문~실전 인강 무료 제공 (2022년 최신 강좌 기준/109강) ·2024년 종강반 중 모든 평가항목 정상 참여자 기준, 99% (평생교육원 기준) ·2008년~2024년까지 234만 누적수강학점으로 과목 운영 (평생교육원 기준) ·에듀윌 국비교육원 구로센터 고용노동부 지정 '5년우수훈련기관' 선정 (2023~2027) ·KRI 한국기록원 2016, 2017, 2019년 공인중개사 최다 합격자 배출 공식 인증 (2025년 현재까지 업계 최고 기록)